# DIE SCHÖNSTEN ULTRALEICHT-FLUGZEUGE

Jürgen Gaßebner
Frank Herzog
Heiko Müller

# DIE SCHÖNSTEN ULTRALEICHT-FLUGZEUGE

**Jürgen Gaßebner**
**Frank Herzog**
**Heiko Müller**

Motor
buch
Verlag

Einbandgestaltung: Andreas Pflaum
Das Einbandmotiv zeigt WD 4 Fascination im Formationsflug

Bildnachweis: Dallach (2), Gaßebner (6), Herzog (95), Müller (15), Vix (1)



ISBN 3-613-01838-1

1. Auflage 1997



Lektorat: Martin Benz M.A.
Innengestaltung: Stefanie Götz
Repro: Repro Schmid, 70469 Stuttgart
Druck: Maisch & Queck, 70839 Gerlingen
Bindung: K. Dieringer, 70839 Gerlingen
Printed in Germany

# Die Autoren

**Jürgen Gaßebner**, Jahrgang 1962, wurde vom Vater, einem ehemaligen Ju 88-Piloten, mit dem Fliegervirus infiziert und beschäftigte sich in der Schulzeit zunächst eifrig mit Modellfliegen, bevor er sich

als Motorrad-Veredler sein Physik- und BWL-Studium finanzierte. Heute leitet der gebürtige Stuttgarter das Sport-Ressort beim Motorrad-Fachblatt *PS*. Außerdem arbeitet er als freier Fotograf für verschiedene Magazine und Agenturen. Seiner fliegerischen Passion frönt der diplomierte Betriebswirt mit einer Pützer Elster B, die er für Fotoflüge einsetzt. Als Buch-Autor publizierte er bisher sieben Titel zum Thema Motorrad - dieses ist sein erstes Flieger-Buch, und von ihm stammt auch die Idee dafür.

**Frank Herzog**, 1949 geboren, hat sich schon in frühen Jahren die Zeit mit Fesselflugmodellen vertrieben. Jedoch mit mäßigem Erfolg. Besser lief es nach seinem Grafikdesign-Studium und diversen Jobs in verschiedenen

Werbeagenturen. Er stieg auf zum Artdirektor und arbeitete für namhafte Kunden der Sportartikelbranche sowie für einen renommierten Stuttgarter Sportwagenhersteller. Seit 1978 ist er als selbständiger Fotograf vorwiegend im Action-Bereich für Magazine und Industriefirmen tätig. Mit dem Erwerb der Fluglizenz im Jahr 1984 und als »angefressener Spornradflieger« mit mehr als 1000 Stunden auf seiner Piper Super Cub ist er in den letzten Jahren auch als Luftbildfotograf unterwegs. Für das vorliegende Buch hat er sein Archiv durchforstet, doch die meisten Geschichten sind aktuell produziert.

**Heiko Müller** wurde 1957 im westfälischen Bünde geboren. Schon als Jugendlicher vom Luftfahrtvirus befallen, fand er wie viele andere den Weg in die Fliegerei über den Modellflug. Später folgten dann die Segelflugausbildung, die Kunstflugberechtigung, die UL-Piloten- und Motorfluglizenz. Nach einem Studium in Marburg ist er seit 1988 Redakteur des *aerokurier*, der führenden Fachzeitschrift für die Allgemeine Luftfahrt. Hier ist er zuständig für Ultraleichtflugzeuge, politische und wirtschaftliche Themen. Für Pilot-Reports hat Heiko Müller Erfahrungen auf nahezu sämtlichen UL-Flugzeugmustern gesammelt, die der Markt bietet. Diese bilden unter anderem die Basis für dieses Buch.

# Inhalt

# VORWORT

Als Anfang der 80er Jahre die ersten einfachen Ultraleichtflugzeuge in Deutschland auftauchten, wurden sie noch von vielen als »fliegende Gartenstühle« belächelt. Kaum einer ahnte damals, wie dynamisch sich diese neue Flugzeugklasse entwickeln würde. Vergleichweise einfache Bauvorschriften, die im Laufe der Zeit immer mehr verfeinert wurden, ermöglichten es aber, daß in der UL-Klasse Sportflugzeuge im besten Sinne entstanden. Als die leisesten motorgetriebenen Fluggeräte überhaupt passen sie in unsere Zeit. Der Verzicht auf die Ausrüstung mit ausschließlich luftfahrtzugelassenen Motoren hat die Verwendung von Antrieben ermöglicht, die äußerst sparsam mit dem Treibstoff umgehen. Das macht Ultraleichtfliegen nicht nur umweltfreundlich, sondern auch billiger. Vielen Piloten haben erst die Ultraleichtflugzeuge die Faszination des Fliegens als Freizeitsport eröffnet. Doch auch immer mehr Freizeitflieger, denen die Kosten für den Motorflugsport mit konventionellen Flugzeugen zu hoch geworden sind, entdecken die Ultraleichten als Alternative.
Heute bietet der Markt Ultraleichtflugzeuge vom einfachen Gerät bis zum High-Tech-Flieger in Faserverbundbauweise, der die Möglichkeiten vieler konventioneller Zweisitzer übertrifft. Weit über 30 Modelle buhlen um die Gunst des Käufers. Mit der ständig wachsenden Zahl der Flugzeuge ist auch der Gebrauchtmarkt immer interessanter geworden. Hier den Überblick zu behalten, ist nicht einfach. Dieses Buch soll dabei helfen. Sämtliche angebotenen Ultraleichtflugzeuge darzustellen, hätte den Rahmen dieses Bandes gesprengt. Bewußt haben wir uns daher im wesentlichen auf Muster beschränkt, die den heutigen Markt besonders gut treffen. Daß sich darunter keine Einfachstgeräte finden, liegt im Trend.
Die Käufer bevorzugen derzeit eher leistungsfähigere Flugzeuge. Damit ist allerdings auch das Preisniveau gestiegen. Es läßt sich deshalb nicht ausschließen, daß künftig wieder einige Einfach-ULs die Lücke im Niedrigpreissegment schließen werden.
Mit diesem Buch wollen wir Einsteigern wie Fortgeschrittenen unsere Erfahrungen mit den hier gezeigten Ultraleichtflugzeugen weitergeben. Wir möchten einen Fundus bieten, der dem Leser hilft, ein Ultraleichtflugzeug richtig einzuschätzen. Und wir wollen zeigen, welche Faszination diese moderne Luftsportart heute bietet.

Im Mai 1997

Jürgen Gaßebner
Frank Herzog
Heiko Müller

D-MOTY

## Capella FW2-C80

# AMERIKANER MADE IN BAYERN

Als Experimental machte die Capella FW2-C80 Anfang der 90er Jahre in den USA Furore. Seit 1996 bietet Jost Leichtflugzeugbau im bayrischen Dietmannsried den schnittigen Zweisitzer in Deutschland auch mit UL-Musterzulassung an.

Was Bayern und Amerikaner gemeinsam haben, fragen Sie? Nun, wenn wir nicht nur landläufige Klischees abhandeln, so ist dies zwar unbestritten die Liebe zum Gerstensaft , aber - seit neuestem - eben auch zu Ultraleichtflugzeugen, wie die Capella FW2-C80 beweist. Bis der UL-Hochdecker 1996 schließlich in Deutschland mit UL-Musterzulassung angeboten wurde, vergingen jedoch gut fünf Jahre.

Im Land der unbegrenzten Möglichkeiten wurde der Zweisitzer, kaum daß er auf dem Markt erschienen war, bereits in den höchsten Tönen gelobt. »Ein strahlender Stern am Experimental-Himmel« oder »Das beste Jedermann-Flugzeug, daß wir in diesem

In der Capella FW2-C80 sorgt der Vierzylinder-Boxermotor vom Typ Rotax 912 für Vortrieb

Jahr geflogen haben«, frohlockten die Testpiloten über die Neuerscheinung aus Austin in Texas.
Und in der Tat - wie Reid Howell, Entwickler und Chef von Flightworks Corporation, bewährte Konstruktionsprinzipien interpretierte, fand Beifall. Nicht nur in den USA, sondern auch in Bayern, genauer gesagt in Dietmannsried.
Bei Jost Leichtflugzeugbau entschloß man sich angesichts der vielen Vorschußlorbeeren zum Vertrieb der vom 80 PS starken Rotax 912-Vierzylinder angetriebenen Capella. Doch freilich nicht, ohne dem soliden Hochdecker technische Änderungen mit auf den Weg zu geben:
So spendierte Jost dem Seitenleitwerk etwa eine Finne, die sich über den Rumpfrücken zieht und den Torque-Effekt zu mindern hilft. Hierdurch sollte die Capella mehr Stabilität um die Hochachse gewinnen. Sicherlich kommt die elegante und langezogene Finne der Capella auch optisch zugute, obwohl sie mit ihrem runden und aus Aluminiumblech geformten Rumpfrücken bereits eine weitaus gefälligere Figur abgibt als zahlreiche Kastenrümpfe der Konkurrenz.
Unter der Leichtmetall-Verkleidung verbirgt sich eine tragende Gitterkonstruktion aus TIG-geschweißtem Chrommolybdän-Stahlrohr, die, wie die aus demselben Werkstoff gefertigten, unprofilierten Leitwerke, bespannt ist. Dieser Aufbau ist nicht nur sehr verwindungssteif, sondern spart obendrein auch Gewicht. Einen Blick lohnt es sich auch auf die platzsparend anklappbaren Tragflächen zu werfen. Mit widerstandsarmen Profilrohren gegen den Rumpf abgestrebt, entstehen sie in Halbschalenbauweise komplett aus Aluminium mit einem stranggepreßten Doppel-T-Profil als Hauptholm. Auf diese Weise erfolgt der Bau nicht nur schneller, sondern auch handwerklich einfacher als der von stoffbespannten Flächen. Zudem verspricht die Kombination der Metallflächen mit dem teils bespannten und teils aluverkleideten Rumpf eine hohe Lebensdauer,

Der Adler als Inbegriff fliegerischer Freiheit schlägt sich im Design des Hochdeckers nieder

selbst unter rauhen klimatischen Bedingungen und bei hartem Einsatz.
Wie unser Testflug zeigte, hat die Capella mit ihrer grundsoliden und langlebigen Konstruktion sogar gute Chancen, möglicherweise ein UL-Schulflugzeug zu werden. An Gutmütigkeit ist die Capella nämlich nicht so leicht zu übertreffen, und die Flugleistungen sind rundherum befriedigend.
Zum Start in Kempten-Durach, mit 2340 ft übrigens Deutschlands höchstgelegener Verkehrslandeplatz, fahren wir die rund über die halbe Flächenbreite reichenden Klappen auf Stellung eins, heben bei 80 km/h ab, beschleunigen auf knapp 100 km/h und steigen dann mit rund 2,5 m/s. Das Einfahren der Klappen verursacht nur geringe Lastigkeitsänderungen. Die Ruderkräfte vermitteln das Gefühl, eher in einem schwereren Flugzeug als in einem Ultraleicht zu sitzen. Dabei ist die Capella aber durchaus wendig.

Rasch fühlen wir uns beim Flug von Kempten nach Oberstdorf auf ihr heimisch, und es bleibt etwas Zeit, das wunderschöne Alpenpanorama zu genießen. Denn die Capella bietet mit ihrer Rundum-Verglasung für einen Hochdecker exzellente Sichtverhältnisse. Lediglich ein Dachfenster fehlt, doch das müßte sich laut Jost nachrüsten lassen.

Bei 4800/min meldet der Fahrtmesser 150 km/h, womit die Capella guten Klassendurchschnitt erreicht. Überdurchschnittlich schneidet sie hingegen im Stall (Strömungsabriß) ab. Überziehen im Langsamflug quittiert sie mit einem stabilen Sackflug und läßt sich dabei einfach mit dem Seitenruder auf Kurs zu halten. Lassen wir den Knüppel nach, beendet sie dieses Manöver ohne großes Nicken. Die Begrenzung des Höhenruderauschlages ist offenbar so gewählt, daß ein Strömungsabriß wohl kaum provoziert werden kann.

Im Landeanflug mit etwa 100 km/h setzen wir die Klappen stufenweise, was durch den Hebel rechts oben unter der Kabinendecke zwar etwas hakelig, aber äußerst wirksam geschieht. Volle Klappen bringen einen steilen Gleitwinkel, im Endteil müssen wir sogar etwas Gas nachschieben. Ebenso unspektakulär ist das Landeverhalten selbst. Bei 65 km/h und voll durchgezogenem Knüppel setzt die Capella weich auf. Das Dreibeinfahrwerk, eine robuste Konstruktion aus Stahlrohren mit über die Pedale lenkbarem Bugrad, glänzt dabei mit guter Lenkbarkeit und dürfte selbst harte Landungen problemlos verkraften.

Das Cockpit bietet üppige Platzverhältnisse und die gut gepolsterten Sitze gewährleisten einen hohen Reisekomfort

**Das robuste Stahlrohrfahrwerk steckt auch grobe Stöße weg, und das Bugrad ist über die Pedale lenkbar**

Auch die hydraulisch aktivierten Matco-Scheibenbremsen, über Fußspitzenhebel einseitig bedienbar, zeigen ordentliche Wirkung bei feiner Dosierbarkeit. Bequem und ohne uns zu verrenken verlassen wir die Capella durch die großzügig bemessenen Türen. Lediglich an den sehr einfach wirkenden Rohr-Türrahmen und Verschlüssen stören wir uns etwas. Hier zollt die Capella dem Gewichtslimit von 450 Kilogramm maximaler Abflugmasse Tribut. Doch Jost hat bereits Nachbesserung versprochen und

Die hydraulisch betätigten Matco-Scheibenbremsen sorgen für sehr gute Verzögerungswerte

will zudem auch für einen dichten Türschluß sorgen. Ansonsten hinterläßt das Cockpit der Capella nur positive Eindrücke, wie etwa die üppigen 112 Zentimeter Kabinenbreite, die selbst bei zwei stattlichen Insassen keine Platzangst aufkommen lassen. Zudem empfängt die Capella ihre Crew mit – für UL-Verhältnisse – sehr bequemen Polstern und entsprechend hohem Sitzkomfort. Lediglich Piloten und Passagiere mit Gardemaß werden eine Sitz- und Pedalverstellung vermissen.

Übersicht ist Trumpf auf dem großen Panel, das Jost etwas gefälliger als bei der US-Variante gestaltet hat. Eine Konsole nimmt den griffigen Gashebel auf.

Die Landeklappen werden durch einen Hebel rechts oben unter der Kabinendecke betätigt

Die Flettner-Trimmung wird komfortabel, weil elektrisch, über einen Schalter auf dem Instrumentenbrett bedient.
Alles in allem dürfte die Capella FW2-C80 vor allem aufgrund ihrer soliden Bauweise und den gutmütigen Flugeigenschaften in Europa viele Freunde gewinnen. Interessant ist sie für all jene, die ein robustes und langlebiges Ultraleicht suchen. Angesichts der guten Verarbeitung, einer Mehrfarben-Lackierung und der umfangreichen Ausstattung , die auch das vorgeschriebene Rettungssystem einschließt, geht der Preis von 80.000 Mark für den Amerikaner aus Bayern in Ordnung.

Die durchgehende Verglasung des Cockpits gewährt dem Piloten eine exzellente Rundumsicht

## Capella FW2-C80

**Hersteller**
Flightworks Cooperation, Austin/Texas, USA

**Musterbetreuer**
Jost Leichtflugzeugbau,
Alpenrosenweg 10, 87463 Dietmannsried
Tel.: 08374/9603, Fax: 08374/6963

**Antrieb**

| | |
|---|---|
| Typ: | Rotax 912 UL |
| Bauart: | Wasser-/Luftgekühlter Vierzylinder-Viertakt-Boxermotor |
| Leistung: | 58 kW (80 PS) |

**Abmessungen**

| | |
|---|---|
| Spannweite: | 8,63 m |
| Länge: | 5,6 m |
| Höhe: | 1,75 m |
| Flächeninhalt: | 10,62 m |

**Massen**

| | |
|---|---|
| Leermasse: | 265 kg |
| max. Flugmasse: | 450 kg |
| Treibstoff: | 53 l (39 kg) |
| zul. Lastvielfache: | +6/-3 g |

**Flugleistungen**

| | |
|---|---|
| Reisegeschwindigkeit: | 150 km/h |
| zul. Höchstgeschw.: | 217 km/h |
| Mindestgeschw. ohne Klappen: | 74 km/h |
| mit Klappen: | 64 km/h |
| Steigleistung: | 4,2 m/s |
| Startrollstrecke (Gras): | 100 m |
| Reichweite: | ca. 600 km |

**Preis 1997 (inkl. MwSt.)**

| | |
|---|---|
| flugfertig, inkl. Rettungssystem: | DM 80.000.- |

Delta Dart II

## Delta Dart II

# EINE SPUR VON JET-FEELING

**Die Tinte auf der Musterzulassung des Delta Dart II war beinahe noch feucht, als wir Ende 1996 erstmals mit Klaus Richters Delta-Ente starten dürfen. Wie sich dabei zeigte, darf der außergewöhnliche Pusher als eine der wenigen Innovationen seit Jahren auf dem UL-Markt gelten.**

Wer träumte nicht schon mal vom Flug in einem superschnellen Kampfflugzeug? Schon als kleine Jungen faszinierten uns die Lockheeds, MIGs, Mirages und Saabs in den Quartettspielen mit ihren schier unglaublichen Leistungsdaten und dem eleganten Erscheinungsbild. Allein schon die schnittigen Formen der Vögel ließen eine traumhafte Leistung vermuten, und ähnliche Empfindungen berührten uns beim Anblick von Klaus Richters Delta Dart II, einer Enten-Konstruktion in Komposit-Bauweise. Nicht ganz zu unrecht, wie wir erfahren sollten.

Zum Einstieg gilt es zunächst einmal die recht hohe Bordwand zu überwinden. Doch mit der richtigen Technik – Abstützen am Cockpitrand und auf dem Entenflügel (Canard) – geht dies einfacher als gedacht. Sitzt man im Flugzeug, bietet sich dem Piloten ein sehr komfortabler Arbeitsplatz. Zwar lassen sich beim Interieur keine Bezüge zu militärischen Düsenfliegern herstellen, dafür sind wir komfortabel untergebracht. Mit einer von Segelflugzeugen bekannten Zugmechanik lassen sich die Pedale justieren. Ein Gurtband erlaubt uns, die passende Neigung der Rückenlehne einzustellen. Ergonomisch steht – zumindest im Arbeitsbereich des vorn sitzenden Piloten – alles zum besten, und nichts stört den Blickwinkel. Auch nicht die Canard-Flügel, denn sie setzen hinter dem Piloten an.

Per Knopfdruck fahren wir die elektrisch angesteuerten Klappen an den Canards auf 25 Grad und rollen an. Der Delta Dart II läßt sich zwar leicht über die – einzeln zu betätigenden – Hauptfahrwerksbremsen in der Richtung halten; ideal ist diese Lösung aber nicht. Das Bugrad selbst wird geschleppt und ist nicht lenkbar.

Bei etwa 80 km/h heben wir ab und drücken sofort ein wenig nach, denn bei zu hohem Anstellwinkel würde der mächtige Delta-Flügel zuviel Widerstand produzieren und damit Steigleistung kosten. Mit 85 bis 90 km/h machen wir Höhe, und mit knapp 2,5 m/s Steigen verdeutlicht uns das Variometer, daß wir nicht in einem Jet, sondern eben in einem UL sitzen. Beim ersten Serienprototypen paßt der Propeller noch nicht optimal zum 70 PS leistenden und fast vibrationsfrei laufenden Kreiskolbenmotor. Wie Klaus Richter jedoch bereits ankündigte, ist ein Verstellpropeller bereits in Arbeit.

Zum Ausleveln auf Horizontalflug genügt ein simpler Druck auf die Trimmtaste, doch aufgrund der bereits angesprochenen Propeller-Problematik kommen wir dabei über 160 km/h angezeigte Geschwindigkeit nicht hinaus. Hierzu trägt auch das feste Fahrwerk der Delta Dart II mit seinen breiten und damit strömungsungünstigen Beinen bei. Die schnittige Enten-Konstruktion wird aber zweifellos mit Einziehfahrwerk und Verstellpropeller die vom Hersteller angegebene Reisegeschwindigkeit erreichen.

Im fliegerischen Umgang verhält sich der Delta Dart II wie jedes konventionelle Flugzeug, vermittelt aber um alle Achsen eine sehr ausgeprägte Stabilität. Selbst bis über 200 km/h und damit bis nahe an die

bauweise, einem Hauptholm sowie einer Flügelwurzelrippe zusammensetzen. Sämtliche Strukturteile entstehen in aufwendigen Negativformen.
Trickreich ist die redundante Steuerung des Delta Dart II. Sollte das über Zug-/Schubstangen und Torsionsrohre lenkbare Höhenruder einmal ausfallen, ließe sich dies mit den Klappen der Canards ausgleichen. Kurven können bei Ausfall der Querruder allein mit den Spreizklappen geflogen werden und umgekehrt. Für Alternativen im höchst unwahrscheinlichen Fall aller Fälle ist also gesorgt.
Auch im überzogenen Flugzustand beweist der Delta Dart II seine Qualitäten. Nähern wir uns dem Stall an, zeigt er zwar deutlich, aber harmlos was Sache ist. Zunehmende Flugunwilligkeit kündigt er zunächst durch leichtes Rollen um die Längsachse an. Reißt

Beim Delta Dart II vereinigen sich Aerodynamik und futuristisches Design

die Strömung, übrigens immer zuerst am Canard, völlig ab, geht er sanft über die Nase nach rechts weg. Kurzes Nachlassen des Knüppels zwingt die Maschine rasch wieder in einen stabilen Flugzustand, ohne nennenswerten Verlust an Höhe.

Der Landeanflug erfolgt in einem etwas flacherem Winkel als bei den meisten konventionellen Flugzeugen. Die Canard-Trimmklappen sind auf plus zehn Grad gesetzt, und mit leicht gedrücktem Knüppel fliegen wir mit 100 km/h an. Mit nur 60 km/h setzen wir schließlich auf, denn durch den vergrößerten Anstellwinkel baut der Delta Dart II die Fahrt im Abfangbogen sehr schnell ab. Überrascht registrieren Piloten, die ansonsten nur herkömmliche Flugeräte bewegen, die Luftpolster im hinteren Drittel des Delta-Flügels. Selbst bei voll durchgezogenem Knüppel nimmt das Flugzeug dadurch unmittelbar vor dem Aufsetzen die Nase nach unten und berührt nahezu gleichzeitig mit allen drei Rädern die Piste.

Von der Pilotenseite her betrachtet bietet der Delta Dart II also ein sehr einfaches Handling. Er fliegt sehr eigenstabil und benimmt sich auch im Stall durchaus berechenbar. Verbesserungswürdig scheint die Position des Trimmschalters, der besser auf dem Knüppel Platz finden sollte. Etwas gewöhnungsbedürftig ist auch das Steuern am Boden, das, mangels lenkbarem Bugrad, ausschließlich über die Bremsen geschieht.

Alles in allem vermittelt der Delta Dart II allein durch seine Optik durchaus einen Hauch von Jet-Gefühl, absolut rekordverdächtig sind die mit dem Enten-Flugzeug zu erzielenden Reichweiten: Bis zu 1400 km Endurance erlauben ausgedehnte Urlaubstrips, zumal sogar der Passagier komfortabel untergebracht ist. Lediglich für ihn bietet der Delta Dart II nicht ganz optimale Sichtverhältnisse, und der Steuerknüppel des hinteren Sitzes sollte der Bequemlichkeit halber ein wenig nach vorn verlagert werden. Wie es sich für ein Ultraleicht gehört, ist der Delta Dart II platzsparend in einem Container oder Anhänger unterzubringen, und die dafür benötigte Abrüstzeit beträgt nur 15 Minuten. Daß er mit 100.000 Mark im oberen Preissegment seiner Klasse angesiedelt ist, geht angesichts der guten Konzeption und Ausführung in Ordnung.

oppeldecker faszinieren seit jeher vor allem durch

Außergewöhnlich am Delta Dart II ist auch das Antriebskonzept mit Schub-Propeller

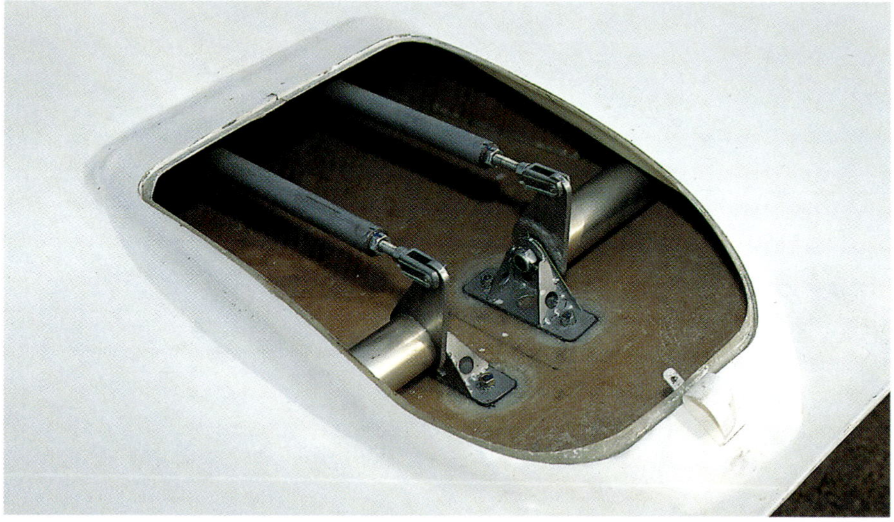

Die Steuerung der Querruder erfolgt exakt und zuverlässig über Schubstangen

Zwei Spreizklappen an den Winglets übernehmen am Delta Dart II die Funktion des Seitenruders

Das bei unserem Testflugzeug noch starre Bugrad ist bereits als Einziehfahrwerk konzipiert

## Delta Dart II

**Hersteller**

Delt Dart Flugzeugbau GmbH,
Mühlenfeldstraße 26, 39435 Egeln
Tel.: 03926/892200, Fax: 03926/892202

**Antrieb**

| | |
|---|---|
| Typ: | LCR 814 TG |
| Bauart: | Luftgekühlter Einscheiben-Wankelmotor |
| Leistung: | 51,5 kW (70 PS) |

**Abmessungen**

| | |
|---|---|
| Spannweite: | 6,38 m |
| Länge: | 5,72 m |
| Höhe: | 1,96 m |
| Flächeninhalt: | 4 $m^2$ |

**Massen**

| | |
|---|---|
| Leermasse: | 255 kg |
| max. Flugmasse: | 450 kg |
| Treibstoff: | 100 l (72 kg) |
| zul. Lastvielfache: | keine Angaben |

**Flugleistungen**

| | |
|---|---|
| Reisegeschwindigkeit: | 198 km/h |
| zul. Höchstgeschw.: | 220 km/h |
| Mindestgeschw. ohne Klappen: | 65 km/h |
| mit Klappen: | k.A. |
| Steigleistung: | Festprop.: 2,5 m/s<br>Verstellprop.: 3,5 m/s |
| Startrollstrecke (Gras): | 150 m |
| Reichweite: | ca. 1400 km |

**Preis 1997 (inkl. MwSt.)**

flugfertig, inkl. Rettungssystem: DM 100.000.-

RENEGADE II

## Murphy Renegade II

# ZUM SPASS AN DER FREUD’

Günstiger als in der UL-Klasse können Piloten das einmalige Flugerlebnis in einem Doppeldecker kaum erleben. Die kanadische Murphy Renegade II signalisiert dabei nicht nur mit günstigem Preis, unwiderstehlicher Optik und bestechenden Flugeigenschaften eines ganz klar: Den puren Spaß am Fliegen.

Doppeldecker faszinieren seit jeher vor allem durch ihr Flugbild und ihren nostalgischen Touch. Wer schon einmal das Vergnügen hatte, etwa eine Pitts oder Bücker fliegen zu sehen oder gar selbst zu bewegen, weiß, was gemeint ist. Ein faszinierendes Ergebnis zum Thema Doppeldecker lieferte die kanadische Firma Murphy Aircraft mit der Renegade II ab, wie unser Besuch beim deutschen Importeur und Musterbetreuer Dieter Haag in Großerlach bei Schwäbisch Hall zeigte.

Allein die Rollrate beeindruckte: Von 45 Grad links nach 45 Grad rechts in einer Sekunde. Linksherum geht's noch etwas schneller, denn da hilft das Drehmoment des 80 PS starken Rotax 912 mit. Zwar dreht eine Pitts schneller, aber sie erfordert auch einen wesentlich geübteren Piloten und ist zudem in Anschaffung und Unterhalt kostspieliger. Die als Fertigflugzeug 90.000 Mark und als Schnellbausatz 61.750 Mark teure Renegade II ist dagegen trotz ihrer Wendigkeit unkompliziert und auch von Durchschnittspiloten zu fliegen.

Freilich verspricht allein das adrette Äußere der Renegade II Freude am Fliegen, was auch ein Blick hinter die technischen Kulissen des UL-Doppeldeckers belegt. Die Abmessungen sind kompakt; große Querruder prägen die beiden Tragflügel. Höchste Solidität darf der ganzen Konstruktion bescheinigt werden, denn Murphy hat die tragende und in bester Flugzeugmanier gefertigte Struktur komplett aus einer hochwertigen Aluminiumlegierung aufgebaut. Darüberhinaus machen sämtliche Verbindungen einen hervorragenden Eindruck, und die Beschläge wirken an manchen Stellen für UL-Verhältnisse fast schon überdimensioniert. So überrascht es nicht, daß die Renegade II (zu deutsch: Der Abtrünnige) für Lastvielfache von +8,25 und -4,5 g bei maximaler Flugzeugmasse zugelassen ist.

Der Rumpf besteht aus einer weitgehend stoffbespannten Alu-Gitterohrkonstruktion mit einem GFK-Rücken, und die Tragflächen sind mit gestanzten Leichtmetallrippen aufgebaut. Mächtige Alu-Vierkantprofile dienen als Hauptholme, bespannt sind sie mit hochwertigem Ceconite. Im Mittelstück des oberen Flügels sind die insgesamt 52 Liter fassenden Treibstofftanks eingebaut.

Viel Liebe zum Detail offenbart auch ein Blick ins Cockpit. Die große Panel-Fläche ist eine Augenweide und nimmt ohne Probleme jede VFR-Instrumentierung auf. Der Einstieg ins Cockpit verlangt indes etwas Sportsgeist: Linkes Bein auf die linke Fläche, rechtes Bein über die Bordwand schwingen, linkes Bein nachziehen, beide Gehwerkzeuge ins vordere Cockpit schwingen und sich anschließend schlan-

**Große Kühllufteinlässe versorgen den bewährten Rotax 912 mit ausreichend Frischluft**

genartig zwischen oberer Fläche und Rumpfrücken ins Abteil gleiten lassen. Kompliziert? Mag sein, aber dafür paßt die Unterbringung dann wie angegossen. Viel Platz gibt es wirklich nicht, und deshalb wurde bei allen neueren Renegades II das vordere Cockpit um stattliche sechs Zentimeter verlängert, was den Einstieg erheblich erleichtert. Geflogen wird die Renegade II üblicherweise von hinten, weshalb der vordere Arbeitsplatz mit Knüppel, Seitenruderpedalen, Gashebel, Höhen- und Fahrtmesser denn auch nur über das Notwendigste verfügt. Besser um die Platzverhältnisse ist es im hinteren Abteil bestellt. Ohne Verrenkungen lassen sich die Gurte anlegen, und auch der Einstieg selbst gestaltet sich einfacher.

Gefällig präsentiert sich auch die Anordnung der Bedienhebel. Gashebel und Choke finden sich an der linken Bordwand , und gleich darüber sitzt der Kipphebel für die elektrische Verstellung der dreiblättrigen IVO-Luftschraube. Rechts wiederum sind Magnetschalter, Hauptschalter und Starterknopf angebracht. In sicherer Griffweite unten rechts findet sich auch der Auslösegriff für das Rettungsgerät, das sich in einem separaten Abteil hinter dem Piloten befindet. Etwas gewöhnungsbedürftig sind hingegen die beiden Hebel für die hydraulischen Scheibenbremsen, die vor dem Sitz zwischen den Oberschenkeln positioniert sind. Neuere Renegades besitzen da bereits Hackenbremshebel an den Seitenruderpedalen, über die es sich bequemer bremsen läßt.

Nach kurzem Anwärmen des Rotax-Boxers rollen wir zur Startbahn auf einem der ungewöhnlichsten UL-Fluggelände Deutschlands. Dieter Haag hat seinen privaten Flugplatz nämlich gleich hinterm Haus, und zwischen Haus und Werkstatt geht es, vorbei an Obstbäumen, zur Graspiste.

Flott beschleunigen die 80 PS den Zweisitzer, nach etwa 40 Metern hebt die Renegade II den Sporn und nach weiteren 60 Metern sind wir schließlich in der

Luft. Mit einer Steigrate von fünf Metern pro Sekunde macht der Doppeldecker für UL-Verhältnisse überdurchschnittlich rasch Höhe, der Rotax 912 dreht dabei 5300/min. Zur Eingewöhnung folgen einige Rollübungen; die Renegade II fühlt sich gut an, und die Ruder sind ausgeglichen abgestimmt. Selbst im Stall

Der Renegade II vermittelt nostalgisches Frischluftvergnügen pur

Hinter der klassischen Erscheinung des Renegade II verbirgt sich moderne Technik

bleibt der flinke Spaßflieger gutmütig, als wir bei Reiseleistung die Geschwindigkeit zurücknehmen. Steil, etwa 40 Grad, reckt der kleine Doppeldecker seine Nase in den Himmel und liegt zunächst noch stabil in der Luft. Bei angezeigten 55 km/h – doch was heißt in dieser Extremlage schon »angezeigt«, wird er weich und will nach rechts abkippen. Aber ein Tritt ins linke Seitenruderpedal hält ihn sauber auf Kurs. Ein kurzes Nachlassen im Knüppel genügt, um ihn wieder um alle Achsen steuerbar zu machen.

Der klassische Doppeldecker wäre ohne Spornrad nicht vorstellbar

Mit viel Liebe zum Detail gestaltete Dieter Haag das Renegade-Cockpit

Nächste Seite: Der Renegade II ist in dieser Bauausführung aus jedem Blickwinkel eine Augenweide

Der populäre Rotax-Boxer verhilft dem Renegade II zu guten Flugleistungen

Durch mehrfaches Antippen des Stellschalters, was sich empfiehlt, um den Stellmotor nicht zu überlasten, bringen wir den Propeller in Reisestellung, was das Triebwerk mit einem entsprechenden Drehzahlabfall quittiert. 4400 U/min entsprechen dabei 130 km/h im Horizontalflug, 4200 Touren bringen die Renegade II auf 120 km/h. In diesem Geschwindigkeitsbereich fühlt sich der Doppeldecker am wohl-

## Murphy Renegade II

**Hersteller**
Murphy Aircraft Mfg Ltd., Sardis, British Columbia, Canada
**Musterbetreuer**
Aviawest
Dieter Haag
Mühlenweg 7,
71577 Großerlach
Tel.: 07192/5859

**Antrieb**

| | |
|---|---|
| Typ: | Rotax 912 |
| Bauart: | Wasser-/Luftgekühlter Vierzylinder-Viertakt-Boxermotor |
| Leistung: | 59 kW (80 PS) |

**Abmessungen**

| | |
|---|---|
| Spannweite: | 7,07 m |
| Länge: | 5,61 m |
| Höhe: | 2,09 m |
| Flächeninhalt: | 15,84 m² |

**Massen**

| | |
|---|---|
| Leermasse: | 230 kg |
| max. Flugmasse: | 450 kg |
| Treibstoff: | 52 l (37,5 kg) |
| zul. Lastvielfache: | +8,25/-4,5 g |

**Flugleistungen**

| | |
|---|---|
| Reisegeschwindigkeit: | 152 km/h |
| zul. Höchstgeschw.: | 193 km/h |
| Mindestgeschw. mit Motorleistung: | 48 km/h |
| ohne Motorleistung: | 50 km/h |
| Steigleistung: | 5 m/s |
| Startrollstrecke (Gras): | 80 m |
| Reichweite: | ca. 500 km |

**Preis 1997 (inkl. MwSt.)**
Schnellbausatz mit Rotax 912 und Rettungssystem:
DM ca. 69.000.-
flugfertig, mit Rotax 912 und Rettungssystem:
DM ca. 100.000.-
flugfertig, mit Rotax 582 (64 PS) und Rettungssystem:
DM ca. 90.000.-

sten, doch auch 150 km/h sorgen keineswegs für ein ungutes Gefühl an Bord. Auslegungsbedingt dürfen wir von einem Doppeldecker zwar keine Geschwindigkeitsrekorde erwarten, doch bei voller Leistung sind 170 km/h möglich. Die Maximalgeschwindigkeit liegt bei 193 km/h. Der Spaßgewinn mit dem Renegade II liegt aber ja auch nicht im Speed, sondern in der Wendigkeit und der Präzision, mit der er sich fliegen läßt. Alles losgelassen fliegt der Zweisitzer einfach geradeaus weiter, und selbst ein kräftiger Tritt ins Seitenruderpedal läßt das Flugzeug nur einmal kurz um die Hochachse schwingen. Für diese hohe Eigenstabilität sorgen ganz maßgeblich die drei Grad V-Form der unteren Tragfläche und die um zehn Grad gepfeilten oberen Flügel. Auch im stationären Kurvenflug braucht die Renegade II kaum Korrekturen.

Fast ebenso einfach läßt sich die Maschine im Landeanflug handhaben. Dabei wird der Propeller wieder auf geringe Steigung gefahren, die beste Anfluggeschwindigkeit liegt bei 90 km/h. Landeklappen besitzt und braucht der Renegade II nicht. Selbst ohne zu slippen baut der Renegade II gut Höhe ab und schwebt beim Abfangen nicht sonderlich lange im Bodeneffekt. Bei etwa 60 km/h setzt er sich quasi automatisch in Dreipunktlage auf die Bahn.

Der Renegade II hebt sich sowohl konstruktiv als auch fliegerisch aus der Masse der Ultraleichts heraus. Für den Piloten, der den reinen Spaß am Fliegen sucht, ist er ein interessantes Angebot. Daß dabei in das Doppeldecker-Vergnügen etwas mehr als für manch anderes UL investiert werden muß leuchtet ein – schließlich ist der Spaß am Cabriofahren auch etwas kostspieliger als das Bewegen einer Limousine.

Sunny Targa

# FUN MIT SUNNY

Als außergewöhnliches Spaßmobil wurde der Kastenflügler Sunny Targa konzipiert. Die Tandem Aircraft KG ließ sich das besondere »Boxwing«-Konzept dieses Ultraleicht-Flugzeuges sogar patentieren.

Keine Frage: Der Sunny Targa ist ein ganz außergewöhnliches Ultraleicht – und dies nicht nur aufgrund seines aerodynamischen Konzeptes. »Boxwing« nennt Dieter Schulz, Chef der ursprünglich in Untergröningen bei Stuttgart beheimateten Tandem Aircraft KG, das von ihm entwickelte und patentierte Konstruktionsprinzip. Dabei handelt es sich um einen Verbundflügel mit zwei versetzten Flächen, deren Profil Schulz selbst entwickelte. Der entstehende Auftrieb ist auf den oberen und den unteren Flügel im Verhältnis 60 zu 40 verteilt. Ein für die Energiebilanz schädlicher

Bereits nach 45 Metern hebt der Sunny Targa von der Startbahn ab

Das vollverglaste Cockpit gewährt Pilot und Passagier beste Sichtverhältnisse

Abtrieb, wie er bei herkömmlichen Flugzeugen durch das Höhenleitwerk produziert wird, entsteht bei dem Tandemflügler nicht.
Die vordere Tragfläche wirkt wie ein überdimensionierter Vorflügel und ist für das beinahe narrensichere Überziehverhalten des Sunny Targa verantwortlich. Ein Strömungsabriß im herkömmlichen Sinne ist bei dieser Konstruktion praktisch nicht möglich. Erzeugt die vordere Fläche nicht mehr genügend Auftrieb, nickt das Flugzeug allenfalls leicht, um sogleich wieder Fahrt aufzunehmen. An der unteren Tragfläche liegt die Strömung in diesen Flugzuständen hingegen immer an, weshalb der Sunny Targa um alle Achsen voll steuerbar bleibt. Um die Hochachse wird mit den Seitenrudern gesteuert, die gleichzeitig als sinnvolle mechanische Verbindung zwischen den beiden Tragflächenenden dienen, wobei der Seitenruderausschlag immer nur mit dem kurveninneren Ruder erfolgt.
Im Aufbau unterscheidet sich der Sunny Targa indes kaum von anderen Ultraleicht-Flugzeugen seiner Generation. So sind die Tragflächen in gewohnter Alurohr-Manier mit Leichtmetall-Holmen und -Rippen, jedoch ohne zusätzliche Verspannung aufgebaut. Für die Bespannung verwendet Schulz hochfestes Polyestergewebe. Ein üppig dimensionierter, mit dem Rumpf verbundener Leichtmetallträger nimmt die obere Tragfläche auf. Zwei zusätzliche Streben

Der Halter-Propeller soll dank seines ausgeprägten S-Schlages besonders leise sein

und eine Frontstange stützen den Flügel außerdem zum Rumpf hin ab.
Bei der Konstruktion des Rumpfes legte Schulz besonderen Wert auf ein hohes Maß an passiver Sicherheit. Dieser besteht, aufbauend auf einem zentralen Vierkant-Profilrohr, aus einer Art Käfig mit Dreiecksverbänden, die bei einem Unfall die eingeleiteten Kräfte zuverlässig vernichten und die Besatzung schützen sollen. Vertrauenerweckend ist auch die Bodenplatte im Cockpit, die zusätzlichen Schutz bei Außenlandungen verleihen soll.
Eine weitere Besonderheit des Sunny Targa ist das Fahrwerk mit vier Rädern. Neben dem gebremsten Bugrad und den beiden Haupträdern sorgt ein zusätzliches, kleineres Spornrad dafür, daß bei hohen Anstellwinkeln während der Landung die Ruder keinen Bodenkontakt bekommen. Hauptfahrwerk und Spornrad sind dabei mit Gummibändern gefedert.
Als Standard-Antrieb verwendet Tandem Aircraft den Zweitakt-Zweizylinder vom Typ Rotax 582 mit elektronischer Doppelzündung, Doppelvergaser und Getrenntschmierung. Er leistet 64 PS, ist hinter dem Cockpit montiert und treibt einen Vierblatt-Druckpropeller an. Unser Testflugzeug war mit einem Halter-Propeller ausgerüstet, der durch seinen charakteristischen S-Schlag auffällt. Diese spezielle Bauart soll, so der Hersteller, mit seinen 1,54 Metern Durchmesser die gleiche Leistung bringen wie ein zehn Zentimeter größeres Exemplar, aufgrund der niedrigeren Blattspitzengeschwindigkeiten aber wesentlich leiser sein.
Mit leicht gezogenem Choke springt der Rotax sofort an. Das Rollen mit dem Sunny Targa ist völlig problemlos, und das Fahrwerk steckt die Unebenheiten der etwas rauhen Grasnarbe klaglos weg. Zwar wirkt die Bugradbremse hervorragend, doch nur auf trockenem Untergrund. Besonders auf nassem Gras kann das Rad leicht blockieren.
Mit Vollgas nehmen wir zügig Fahrt auf, und nach einer Startrollstrecke von rund 100 Metern will der

Die Tragflächen des Sunny Targa sind in bewährter Alurohr-Manier aufgebaut

Sunny Targa bei etwa 80 km/h betont von der Bahn genommen werden. Bei unserer Zuladung von rund 175 Kilogramm Pilotengewicht und 25 Litern Kraftstoff steigen wir mit etwa 2,5 m/s bei 80 km/h. Bestes Steigen erfliegen wir mit 3 m/s bei 75 km/h.
Rasch offenbart sich die hohe Wendigkeit des Sunny Targa. Böen von zehn bis 15 kts steuern wir mit kleinsten Ruderausschlägen aus, ohne daß das Fluzeug nervös reagiert. Allerdings pendelt der Sunny Targa dabei leicht um die Hochachse, was sich jedoch ohne Korrekturhilfe schnell wieder von selbst stabilisiert. Überhaupt ist die hohe Eigenstabilität sehr beeindruckend, und gut ausgetrimmt können wir den Tandem-Doppeldecker auch bei relativ unruhiger Luft völlig sich selbst überlassen. Minutenlang fliegt das Gerät stur geradeaus. Mit rund einer Sekunde von 30 Grad links nach 30 Grad rechts erreicht der Sunny Targa für Ultraleicht-Flugzeuge klassischer Bauweise gute Werte. Die Manövergeschwindigkeit, also die Fahrt, bei der noch volle Ru-

Der leichte und 64 PS starke Rotax-Zweitakter macht den Kastenflügler maximal 140 km/h schnell

derausschläge gegeben werden dürfen, liegt bei 130 km/h. Ein negatives Wendemoment kennt der Sunny Targa kaum. Die Höchstgeschwindigkeit erfliegen wir im Horizontalflug mit 122 km/h bei einer Motor-Höchstdrehzahl von 6500 U/min.

Völlig unkritisch verhält sich der Sunny Targa im Stall. Provoziertes Überziehen quittiert das Flugzeug bei 65 km/h mit einem Herunternehmen der Nase, wippt noch zweimal nach, um dann im Sackflug stabil weiterzufliegen. Das Querruder bleibt dabei voll wirksam, und das UL zeigt keinerlei Tendenz zum seitlichen Abkippen. Wird Reiseleistung gesetzt, sinkt der Sunny Targa in diesem Flugzustand mit nur einem Meter pro Sekunde bei einer Fahrt von rund 70 km/h. Selbst ein flugunerfahrener Laie könnte das Flugzeug auf diese Weise notfalls landen.

Etwas Aufmerksamkeit verlangt der Sunny Targa dagegen beim plötzlichen Gasgeben in Bodennähe. Bedingt durch die hochliegende Schubachse wird ein Moment erzeugt, das kurz zu leichtem Nicken führt.

Zweifellos ist der Sunny Targa ein gutmütiges und sehr wendiges Ultraleicht-Flugzeug für alle, die Spaß am Fliegen haben wollen und dabei das Außergewöhnliche suchen. Für 45.000 Mark inklusive Rettungsgerät und Mehrwertsteuer erhält der Kunde ein recht preisgünstiges Fluggerät. Für den guten Werterhalt spricht die solide Verarbeitung.

## Sunny Targa

**Hersteller**
Tandem Aircraft KG
Am Flugplatz, 88348 Saulgau
Tel.: 07581/8479, Fax: 07581/8169

**Antrieb**

| | |
|---|---|
| Typ: | Rotax 582 |
| Bauart: | Luftgekühlter Zweizylinder-Zweitakt-Reihenmotor |
| Leistung: | 47 kW (64 PS) |

**Abmessungen**

| | |
|---|---|
| Spannweite: | 7 m |
| Länge: | 4,07 m |
| Höhe: | 1,90 m |
| Flächeninhalt: | 17 m² |

**Massen**

| | |
|---|---|
| Leermasse: | 198 kg |
| max. Flugmasse: | 400 kg |
| Treibstoff: | 44 l (31,7 kg) |
| zul. Lastvielfache: | keine Angaben |

**Flugleistungen**

| | |
|---|---|
| Reisegeschwindigkeit: | 80 – 120 km/h |
| zul. Höchstgeschw.: | 140 km/h |
| Mindestgeschw.: | 65 km/h |
| Steigleistung: | 3 m/s |
| Startrollstrecke (Gras): | 45 m |
| Reichweite: | ca. 350 km |

**Preis 1997 (inkl. MwSt.)**
flugfertig mit Rotax 582 und Rettungssystem:
DM 45.000.-

WD 4 Fascination

# DALLACHS STÄRKSTES STÜCK

FASCINATION
D-MWOL
FASCINATION
IKARUS
D-MRWH

Für Kunstflug-As und Flugzeugkonstrukteur Wolfgang Dallch war der Name zugleich Programm. Kein vergleichbarer Zweisitzer der Echo-Klasse kommt an die Flugleistungen der WD 4 Fascination heran.

Faszination Ultraleicht – kaum ein Flugzeug verkörpert diesen Begriff so gut wie die WD 4 Fascination von Wolfgang Dallach. Was der in Schwäbisch Gmünd ansässige Kunstflugpilot mit ihr geschaffen hat, fasziniert wirklich.
Erster Beleg hierfür ist schon der nutzbare Geschwindigkeitsbereich. Weit über die 200 km/h-Markierung wandert die Nadel des Fahrtmessers im Horizontalflug, und schließlich stellen sich bei einer gesetzten Reise-Drehzahl von 5200 U/min schier unglaubliche 230 km/h ein. Die Maximal-Speed liegt gar bei 256 km/h. Jawohl, Sie haben richtig gelesen – und dabei handelt es sich um ein UL.
Wie so etwas mit »nur« 80 PS, die der Rotax 912 ab-

gibt, möglich ist, fragen Sie? Nun, Wolfgang Dallach ließ sich vom Motto »Was gut aussieht, fliegt auch gut« leiten. In der Tat würde die WD 4 Fascination bei einem Schönheitswettbewerb sicher ganz vorne mitmischen. Allein ihre schlanke Rumpfsilhouette und die dünnen Tragflächen mit trapezförmigem Grundriß signalisieren bereits Geschwindigkeit. Doch erst die geschickte Verbindung von Leichtbau und Aerodynamik macht es möglich, in derartige Geschwindigkeitsbereiche vorzustoßen.

Den Leichtbau verwirklichte Dallach durch eine Gemischtbauweise, wobei die Zelle laut Dallach nach der Luftfahrtnorm FAR 23 ausgelegt ist. Für die Tragflächen hat der Konstrukteur das widerstandsarme Profil NACA 32012 mit einer relativen Profildicke von nur zwölf Prozent gewählt. Freilich erforderte dieser Flügel, um die erforderliche Mindestgeschwindigkeit von 65 km/h zu erreichen, ein ausgeklügeltes Klappensystem. Dallach verwendet eine Art Fowler-Klappen, die über etwas mehr als die halbe Spannweite reichen. Setzt sie der Pilot, entsteht an ihren Vorderseiten ein Spalt, durch den die Luft beschleunigt wird und für ein längeres Anliegen der Strömung sorgt. Drei Klappen-Stellungen sind möglich: 20, 45 und 60 Grad.

**Das für Uls ungewöhnliche Einziehfahrwerk macht die Fascination gleichermaßen elegant wie schnell**

Das ergonomisch gestaltete Cockpit bietet Platz für reichhaltige Instrumentierung

In bekannter Dallach-Manier entstand der Tragflügel aus einer als Torsionskasten ausgebildeten Flügelnase mit dahinter angesetzten, GFK-armierten Schaumrippen. Einlagen aus Kohlefaser verstärken die Flügelnase, und die Holmgurte sind ebenfalls aus diesem Werkstoff gefertigt.

Schulbuchmäßig auch der Leichtbau beim Rumpf. Seine tragende Struktur bilden ein geschickt verkleidetes Stahlrohrfachwerk und ein zum Seitenleitwerk hin auslaufender Rumpfrücken aus Kohlefaser, Glasfaser und Honeycomb-Waben. Den unteren Teil des Rumpfes verkleidet hingegen eine Ceconite-Bespannung. Enorm widerstandsarm ist die lange Cowling (= Motorhaube) ausgebildet. Ihre Kontur verläuft bis zum Cockpit und ist damit einer der wesentlichen Gründe für das Geschwindigkeitspotential des schönen Tiefdeckers. »Sie verbessert den Wirkungsgrad des Propellers um 30 Prozent«, weiß Dallach und demonstriert die selbstentwickelte Propellerverstellung, die etwas unorthodox über eine

Das Fahrwerk der Fascination ist stabil, das Bugrad jedoch nicht lenkbar ausgeführt

kleine Kurbel unter dem Instrumentenbrett bedient wird. Das Dreibeinfahrwerk läßt sich bequem über eine Elektrohydraulik betätigen.
Beim Einstieg verwöhnt das Cockpit mit viel Platz auf den nebeneinander angeordneten Sitzen, und trotz einer Schulterbreite von 110 Zentimetern wirkt der 5,95 Meter kurze Rumpf nicht klobig. Eine tolle Lösung hat sich Dallach für den Öffnungsmechanismus der einteiligen Haube einfallen lassen. Über ein Parallelogramm wird sie komplett nach oben abgehoben und auf dem hinteren Rumpfrücken abgelegt. Dabei besitzt die Haube keinen Rahmen im herkömmlichen Sinne, sondern ist gewichtsparend in den ausgeschnittenen Rumpfrücken eingeklebt. Viel Platz für Instrumentierung bietet auch das großflächige Panel mit teilweise zum Piloten geneigten, ablesefreundlichen Uhren.

Die anfänglich über eine Handkurbel betätigte Propellerblattverstellung wich mittlerweile einem elektrischen Antrieb

Nächste Seite: Mit der 230 km/h schnellen Fascination eröffnete Wolfgang Dallach neue Dimensionen des UL-Fliegens

**Auch die Fascination wird vom bewährten Rotax-Vierzylinder mit 80 PS beflügelt**

Nachdem die Sonne den dichten Nebel, der den Flugplatz Donzdorf/Messelberg einhüllte, vertrieben hat, lernen wir die WD 4 Fascination schließlich im Flug näher kennen.
Nach kurzer Warmlaufphase des Rotax-Boxers rollen wir zum Startpunkt der Grasbahn und setzen die Klappen über einen zwischen den Sitzen angeordneten Hebel auf 20 Grad. Zügig beschleunigt der Vierzylinder auf Abhebegeschwindigkeit, und bei 65 km/h sind wir airborne. Rasch erreichen wir 100 km/h und steigen vorläufig mit 4 bis 4,5 m/s. Als Klappen und Fahrwerk eingefahren werden, zeigt die WD 4 Fascination, was wirklich in ihr steckt. Sie spurtet förmlich los, und die Nadel des Fahrtmessers wan-

dert stetig nach oben. Wie schnell wir steigen, wissen wir in diesem Moment nicht, denn der Zeiger des Varios steht am Anschlag. Diese atemberaubende Leistung hält an, bis wir 170 km/h erreicht haben – das Datenblatt spricht von 8 m/s. Dann bringen wir den Propeller in Reisestellung, und bei Erreichen der Reisegeschwindigkeit von 230 km/h balancieren wir das Flugzeug mittels der elektrischen Trimmung aus.

In der ruhigen Luft fliegt die WD 4 Fascination scheinbar wie auf Schienen. Dabei erfreut sie durch eine bestechende Präzision, geringe Kräfte und ausgewogene Wirkung der Ruder. Das Seitenruder können wir beim Einleiten wie auch beim stationären Flug einer Kurve vernachlässigen, so gut wirken die großen Querruder und so stabil liegt der Tiefdecker in der Luft. Rollübungen beweisen zudem die Wendigkeit des nur 218 Kilogramm schweren Zweisitzers. Kaum weniger begeistern die Langsamflugeigenschaften der WD 4 Fascination. Mit 20 Grad Klappen fliegt sie bei 65 km/h völlig stabil. Mit auf 60 Grad gefahrenen Fowlern verspricht Dallach sogar eine Minimumspeed von 55 km/h. Unser Landeanflug erfolgt schließlich mit 90 bis 100 km/h bei 20 Grad Klappen. Ohne lange im Bodeneffekt auszuschweben, bekommt die WD 4 Fascination wieder Boden unter ihr stabiles Dreibeinfahrwerk. Dabei sorgen die Hauptfahrwerksbremsen für gute Verzögerung, und so stehen wir bereits nach 100 Metern Rollstrecke. Wenn wir nun wollten, könnten wir das Flugzeug

Die nach hinten schwenkbare Kabinenhaube erlaubt einen bequemen Einstieg

platz- und kostensparend im Hangar verstauen, denn die Tragflächen sind mit wenigen Handgriffen abnehmbar. Selbst die Höhenleitwerke lassen sich abnehmen.
Alles in allem fällt es sehr schwer, sich der Faszination der WD 4 Fascination zu entziehen, denn sie stößt in Leistungsbereiche vor, die bis dato weitaus stärkeren und teureren Maschinen vorbehalten waren. Obwohl ein Ultraleicht, ist die WD 4 Fascination ein Hochleistungsflugzeug und erfordert vom Piloten deshalb etwas Erfahrung. Aus diesem Grunde erhält eine WD 4 Fascination nur derjenige, der gleichzeitig

Ein Schnellbausatz garantiert selbst Ungeübten eine kurze Bauzeit für die Fascination

ein mehrstündiges Rating auf dem Flugzeug mitbucht.

Dallachs fantastischer Tiefdecker könnte auch so manchen PPL-A-Piloten locken, und deshalb bietet der Hersteller die WD 4 Fascination in einer eigenen Bausatz-Version als Experimental für die Echo-Klasse an. Fertiggebaut erhält man sie aber nur als UL. Doch wer Geld sparen will, kann auch hier einen preiswerteren Kit ordern.

## WD 4 Fascination

**Hersteller**
Dallach Flugzeug Leichtbau GmbH
Am Flugplatz, 73540 Heubach,
Tel.: 07173/929990, Fax: 07173/929999

**Antrieb**

| | |
|---|---|
| Typ: | Rotax 912 A3 |
| Bauart: | Wasser-/Luftgekühlter Vierzylinder-Viertakt-Boxermotor |
| Leistung: | 59 kW (80 PS) |

**Abmessungen**

| | |
|---|---|
| Spannweite: | 9,4 m |
| Länge: | 5,95 m |
| Höhe: | 2,1 m |
| Flächeninhalt: | 10,6 m² |

**Massen**

| | |
|---|---|
| Leermasse: | 218 kg |
| max. Flugmasse: | 450 kg |
| Treibstoff: | 60 l (43,3 kg) |
| zul. Lastvielfache: | +6/-6 g |
| Bruchlast: | +9/-9 g |

**Flugleistungen**

| | |
|---|---|
| Reisegeschwindigkeit: | 230 km/h |
| zul. Höchstgeschw.: | 256 km/h |
| Mindestgeschw. mit 20 Grad Klappen: | unter 65 km/h |
| Steigleistung: | 8 m/s |
| Startrollstrecke (Gras): | 150 m |
| Reichweite: | ca. 500 km |

**Preis 1997 (inkl. MwSt.)**
Schnellbausatz mit Rotax 912 und Rettungssystem:
DM 62.200.-
flugfertig, mit Rotax 912 und Rettungssystem:

## Tecnam P92-J

# GRENZGÄNGER

D-MXRS
200
TECNAM

Mit der P92-J bietet die italienische Firma Tecnam einen schnittigen Ultraleicht-Hochdecker an, der mit dem behördlichem Segen einer Musterzulassung nicht nur als UL, sondern sogar als VLA in die Luft darf.

Italien ist immer ein Reise wert, heißt es. Für uns jedoch nicht nur deshalb, weil der »Stiefel« allerlei Köstlichkeiten wie gehaltvolle Rotweine oder Pasta-Leckereien zu bieten hat. Schließlich macht »Bella Italia« auch in der Fliegerei von sich reden. Der frühere Partenavia-Chef Professor Luigi Pascale (Jahrgang 1925), der bis 1996 an der Universität von Neapel Vorlesungen über Flugzeugentwicklung hielt, zeichnet für die Konstruktion des Ultraleichtflugzeugs P92-J verantwortlich. Sie entstand in der eigenen Firma Tecnam, die der Professore zusammen mit seinem Bruder Giovanni führt. Pascales Hand-

Die P92-J ist sowohl als UL wie auch als VLA (Very Light Aircraft = Leichtflugzeug) erhältlich

Dank der Doppelsteuerung eignet sich die P92-J auch ausgezeichnet für den Schulungsbetrieb

schrift verrraten ja bereits eine Menge Flugzeuge, wie etwa die einmotorigen P64/P66 oder die zweimotorige P68; und so war auch bei der P92-J kein Nachwuchskonstrukteur, sondern ein sehr erfahrener Profi am Werk.
Unsere hohe Erwartungshaltung finden wir beim Testflug rundherum bestätigt. Bereits beim Einsteigen notieren wir die in Horizontalrichtung verstellbaren Sitze auf der Haben-Seite. Die Lehnen bleiben zwar starr fixiert, dennoch lassen sich bequeme Sitzpositionen finden. Zur komfortablen Unterbringung von Pilot und Passagier tragen auch die beiden nach außen hin geformten Türen bei, die im Schulterbereich für ordentliche Bewegungsfreiheit sorgen. Unsere beiden Pilotenkoffer sowie einige Kleinutensilien nimmt der hinter den Sitzen leicht zu beschickende Gepäckraum auf. An einen längeren Trip darf angesichts der ausgeprägten Reisetauglichkeit also schon gedacht werden, zumal Tecnam die Reichweite mit 740 Kilometer vielleicht etwas optimistisch wenn auch allemal üppig bemessen hat.
Die beiden je über ein separates Absperrventil schaltbaren und zusammen 70 Liter fassenden Flächentanks sind voll. Wir legen die Dreipunktgurte mit Aufrollautomatik an, die übrigens aus dem Automobilbau stammen. Beim Druck auf den Anlasserknopf nimmt der bekannte Rotax-Vierzylinder-Boxer vom Typ 912 sofort seine Arbeit auf, und wir rollen zur Runway. Mit dem über die Seitenruderpedale steuerbaren und gummigedämpften Bugrad läßt sich die P92-J feinfühlig und exakt dirigieren. Das Hauptfahrwerk mit den Federstahlschwingen sorgt selbst auf unebenen Pisten für ein hohes Maß an Rollkomfort. Besonders gut gefällt die nahezu perfekte Rundumsicht, die durch eine nach vorne abfallende Cowling sowie eine große, einteilige Frontscheibe ermöglicht werden.
Am Startpunkt schieben wir das Gas rein, und der kleine Hochdecker nimmt zügig Fahrt auf. Auf 15 Grad haben wir dabei die Klappen gefahren und nehmen die P92-J bei rund 70 km/h auf dem Fahrtmesser von der Bahn. Dann fahren wir die Auftriebshilfen elektrisch per Knopfdruck ein und steigen weiter mit 110 km/h, wobei das Vario knappe vier Meter Steigen pro Sekunde anzeigt. Als wir unsere Reiseflughöhe schließlich erreicht haben, reduzieren wir

Angetrieben vom Rotax 912 erreicht die P92-J eine Maximalgeschwindigkeit von 204 km/h

die Drehzahl von 5800 auf 5500 Umdrehungen pro Minute und erreichen mit diesem Power-Setting eine Reisegeschwindigkeit von etwas mehr als 190 km/h. Bequem haben wir die kleine Italienerin mittels der elektrisch über einen Servo-Motor angesteuerten Höhenrudertrimmung für den Horizontalflug ausbalanciert und beginnen nun, uns mit ihren Flugeigenschaften näher zu befassen. Als wir die Maschine unter Leistung überziehen, warnt uns im Vorfeld zunächst ein akustischer Piepser, bevor die P92-J mit spürbarem Schütteln vom drohenden Strömungsabriß kündigt. In der Folge nimmt die P92-J dabei aber lediglich ihre Nase nach unten und kann mit Hilfe des gut wirksamen Seitenruders am Abkippen gehindert werden. Nachdrücken stellt schließlich die volle Steuerbarkeit um alle drei Achsen wieder her. Überhaupt begeistert uns die P92-J selbst im Hochgeschwindigkeitsbereich mit geringen Ruderdrücken, und die höchst wirksamen Querruder, die über fast die Hälfte der Flügelhinterkante verlaufen,

Genüßliches Fliegen für wenig Geld versprechen Uls vom Schlage der P92-J

Das äußerst robust ausgelegte Bugfahrwerk läßt sich über die Seitenruderpedale steuern

ermöglichen ihr ein hohes Maß an Wendigkeit. Das gute Ansprechverhalten der Ruder bleibt auch im unteren Geschwindigkeitsbereich erhalten.
Zur Einleitung des Sinkfluges ziehen wir die Vergaservorwärmung und verringern die Geschwindigkeit auf rund 80 km/h. In dieser Konfiguration fliegen wir auch ins Endteil, erst über der Schwelle rduzieren wir auf 75 km/h. Beim Abfangen schwebt die P92-J im Groundeffekt nicht zu lange aus und setzt sich in Dreipunkt-Manier sauber auf die Bahn. Einmal mehr gefällt dabei das Fahrwerk, das einige grobe Stöße beim Ausrollen souverän wegsteckt. Auf dem Vorfeld bringen wir die P92-J mittels einem in der Mittelkonsole plazierten Bremshebel, der die beiden Cleveland-Scheibenbremsen im Hauptfahrwerk aktiviert, zum Stehen.
Als wir aussteigen, finden wir eine zweite P92-J, die allerdings als VLA und nicht als UL zugelassen ist. Angesichts der üppigen Preisdifferenz – 138.000,- Mark sind für die VLA-, 86.000 Mark für die UL-Version zu berappen – interessieren natürlich die Unterschiede. Allein das Betriebshandbuch weist mit 535 Kilogramm glatte 85 Kilo mehr an zulässigem Gesamtgewicht gegenüber dem 450 kg-UL aus. Grund für diese erkleckliche Differenz ist zum einen die Tatsache, daß beim VLA nicht um jedes Gramm Gewicht gekämpft werden muß und Metallteile, Beschläge und Rohrverbände daher mit einer satten Schicht hochwertigen Zweikomponentenlackes überzogen sind. Außerdem besitzt das VLA beispielsweise Türinnenverkleidungen, wohingegen das Ultraleicht mit rohen Leichtmetallstreben aufwartet. Ein weiterer gewichtstreibender Punkt ist freilich die opulente Winter-Instrumentierung der VLA-Version. Hier spart die Beschränkung aufs Wesentliche dem UL-Piloten doch einiges – an Gewicht wie auch an Geld.
Welche Wahl nun die bessere ist, und ob sich eine Mehrinvestition von über 45.000 Mark lohnt, muß jeder selbst wissen. Sicherlich bietet die UL-Version aufgrund des Gewichtsvorteiles die besseren Flugleistungen und etwas niedrigere Betriebskosten. Für die VLA-Variante spricht hingegen die Tatsache, daß damit auf allen Flugplätzen gelandet und in allen Ländern geflogen werden darf. Wer aber letztlich nur den Spaß am Fliegen sucht und  sich an den erwähnten Beschränkungen nicht stört, sollte zum Ultraleicht greifen.

# Tecnam P92-J

**Hersteller**
Tecnam
Trav. Via G. Pascoli, I-80026 Napoli

**Importeur**
Schülein Aero Star
90766 Fürth
Tel.: 0911/73 36 58

**Antrieb**

| | |
|---|---|
| Typ: | Rotax 912 |
| Bauart: | Wasser-/Luftgekühlter Vierzylinder-Viertakt-Boxermotor |
| Leistung: | 59 kW (80 PS) |

**Abmessungen**

| | |
|---|---|
| Spannweite: | 9,76 m |
| Länge: | 6,40 m |
| Höhe: | 2,53 m |
| Flächeninhalt: | keine Angaben |

**Massen (als VLA)**

| | |
|---|---|
| Leermasse: | 302,4 kg |
| max. Flugmasse: | 535 kg |
| Treibstoff: | 70 l (50 kg) |
| zul. Lastvielfache: | keine Angaben |

**Flugleistungen**

| | |
|---|---|
| Reisegeschwindigkeit: | 185 km/h |
| zul. Höchstgeschw.: | 204 km/h |
| Mindestgeschw.: | 65 km/h |
| Steigleistung: | 3,6 m/s |
| Startrollstrecke: | 124 m |
| Reichweite: | 740 km |

**Preis 1997 (inkl. MwSt.)**

| | |
|---|---|
| flugfertig, inkl. Rettungssystem: | DM 138.000.- (VLA) |
| | DM 86.000.- (UL) |

Das Cockpit der VLA-Version läßt für den Piloten so gut wie keine Wünsche offen

## Comco Ikarus C 42

# SPRUNG IN EINE NEUE GENERATION

Mit dem C 42 stellt Comco Ikarus im schwäbischen Mengen den Nachfolger des erfolgreichen C 22. Und wie wir bei unserem Testflug erfuhren, tritt der schnittige Hochdecker dieses Erbe mit ausgereifter Technik und hervorragenden Flugeigenschaften zu einem reellen Preis an.

Was Rolf Lieb und Horst Heidt, Eigentümer der Comco Ikarus Gerätebau GmbH, mit ihrem C 42 erreichen wollten, war klar definiert. Der Nachfolger des C 22, der noch mit einem Rotax-Zweitakter ausgestattet war, sollte mit brauchbaren Reiseleistungen aufwarten und von vornherein den Rotax 912 aufnehmen. Einfache Wartungs- und Reparaturmöglichkeiten verstanden sich – wie schon beim C 22 – von selbst. Ganz oben in der Liste der Forderungen stand überdies eine Produktion mit geringem Stundenaufwand. Wer ein in Deutschland gebautes Serien-Ultraleichtflugzeug zu konkurrenzfähigem Preis auf den Markt bringen will, braucht angesichts

Der C42 fand durch seine gutmütigen Flugeigenschaften rasch viele Freunde

Mit 160 km/h Reisegeschwindigkeit eigent sich der C42 auch für längere Strecken

hoher Arbeitskosten eine rationelle Bauweise. Comco Ikarus fertigte sowohl den C 22 als auch den C 42 deshalb mit einer Technologie, die an Effizienz kaum zu überbieten sein dürfte.
Das heißt: Der Rumpf baut auf einem vom Motorträger bis zum Leitwerk durchgehenden zentralen Rohr auf, das auch als Basis für den Cockpitkäfig und das Fahrwerk dient. Die äußere Form des Ganzen bestimmt eine nichttragende GfK-Sandwichschale. Einfacher noch als der Rumpf sind die Flächen aufgebaut. Zunächst wird eine Rahmenkonstruktion erstellt, die anschließend mit einem Polyester-Gittertuch (Dimension Polyant) überzogen wird, das seine Spannung durch Hitze erhält. Danach werden, prinzipiell wie bei Hängegleitern üblich, vorgebogene Alurohre als »Rippen« eingeschoben, die das Profil geben. Comco setzt diese Bauweise in hoher Fertigungsqualität um. CNC-gesteuerte Maschinen setzen die zahlreichen Bohrungen in den Alurohren mit höchster Präzision und mit Winkelabweichungen von maximal 0,05 Grad. Viele Beschläge werden ebenfalls CNC-gesteuert per Laser ausgeschnitten und gebohrt. Letztlich ermöglicht erst diese präzise Fertigung eine effiziente Endmontage.
Aber was bietet der C 42 dem Piloten? Zunächst einmal ein fast schon riesiges Cockpit mit exakt 119,5 cm Breite. Auch Zwei-Meter-Menschen finden in den eingeformten GfK-Sitzen noch gut Platz. Große, nach oben öffnende und mit Gasdruckdämpfern gehaltene Türen laden zum bequemen Einstieg ein. Frischlufttfans können an heißen Tagen zudem die Seitenfenster ganz herausnehmen und

Das Cockpit bietet viel Platz, doch der zentrale Steuerknüppel sowie die Gashebel vorne am Sitz sind außergewöhnlich

so »Cabrio-fliegen«. Der Komfort ist gut, allerdings muß die Sitzposition mangels verstellbarer Sitze und Pedale über entsprechende Kissen der Pilotengröße angepaßt werden.
Die breite Kabine ermöglichte zwischen den Sitzen den Einbau einer breiten Mittelarmkonsole, an deren vorderem Ende der Zentralknüppel hochragt. Unüblich, aber gut erreichbar ist die Position der Gashebel. Sie liegen dort, wo üblicherweise Steuerknüppel erwartet werden – vor dem Sitz zwischen den Beinen. Zum ungehinderten Ein- und Aussteigen können diese zur Seite geklappt werden.
Hinter den Sitzen befinden sich die beiden Rumpftanks mit je 25 Litern Inhalt. Sie können bequem über einen Tankeinfüllstutzen an der rechten Rumpfseite befüllt werden. Hinter dem Cockpit befindet sich an der linken Rumpfseite eine große Klappe,

Das hydraulisch gefederte Hauptfahrwerk sorgt für hohen Komfort und die hydraulischen Scheibenbremsen für gute Verzögerung

Ein großzügig dimensionierter Wasserkühler sorgt für niedrige Zylinderkopftemperaturen

ROTAX
ROTAX
WARNING

Die sehr gute Rundumsicht wird durch die Dachverstrebungen etwas reduziert

die nicht nur eine hervorragende Inspektionsmöglichkeit für das Rumpfinnere bietet, sondern hinter der sich auch ein Gepäcknetz befindet. Von hier aus läßt sich zudem das Rettungssystem inspizieren, das auf dem zentralen Rumpfrohr montiert ist.
Der schnittige Hochdecker steht auf einem Dreibeinfahrwerk, dessen verkleidete Räder und Hauptfahrwerksstreben dem Wind nur wenig Widerstand entgegensetzen.
Als wir zum Abflugpunkt rollen, zeigt das Fahrwerk guten Komfort. Pneumatische Federbeine, deren Härte eingestellt werden kann, federn das Hauptfahrwerk; das über die Seitenruderpedale lenkbare Bugrad besitzt ein Spiralfederbein. Gebremst wird über einen Griff am Steuerknüppel, der auch über eine Parkarretierung verfügt.

Nach dem Startcheck gehts auf die 26, Klappen standardmäßig auf 15 Grad gesetzt. Trotz leichtem Rückenwind heben wir nach kurzer Rollstrecke mit etwa 70 km/h ab. Die 80 PS des Rotax 912 lassen mit einer Steigrate von 4 m/s zügig den Asphalt unter uns verschwinden. Im Querabflug fahren wir die Klappen schließlich in Reisestellung, reduzieren die Drehzahl auf 4900 U/min und steigen bei 120 km/h mit etwa 2 m/s weiter.
Der C 42 ist nicht für Höchstleistung konzipiert, sondern soll seinem Piloten das Fliegen möglichst einfach machen. Auf 10 km/h mehr oder weniger kam es Comco dabei nicht an. Im Reiseflug pendelt die Speed zwischen 4600 und 4700 U/min bei rund 140 km/h. 4900 U/min bringen dann knapp 160 km/h. Wird volle Leistung gesetzt, kommt der C 42 im Hori-

zontalflug sogar fast an seine VNE von 190 km/h heran. Schlicht vorbildlich sind die Langsamflugeigenschaften des C 42. Mit und ohne Klappen warnt das Flugzeug durch leichte Unruhe vor dem nahenden Stall, und wir haben das Gefühl, daß der C 42 die Nase bereits herunternimmt, bevor die Strömung endgültig abreißt. Besser gehts wohl kaum, und selbst bei Leerlaufleistung zeigt er keine Tendenz, über die Fläche abzukippen. Bei Reiseleistung will der C 42 ganz leicht über die linke Fläche gehen, ist aber rasch wieder aufgefangen.
Gut gelungen scheint auch die Ruderabstimmung, und Kurvenwechsel lassen sich gut koordinieren. Das mäßige negative Wendemoment verlangt nur geringen Seitenrudereinsatz, und die hohe Stabilität beeindruckt. »Trim and forget« könnte es mit leichter Übertreibung schon fast heißen, denn der C 42 verlangt nur geringe Korrekturen. Den gutmütigen Flugeigenschaften stehen hingegen die vergleichsweise hohen Knüppelkräfte und der wenig Gefühl vermittelnde Knüppel gegenüber. Fliegen mit Daumen und Zeigefinger ist kaum drin, und auch die Steuerwege erscheinen etwas lang. Im Endeffekt ist dies aber eine Gewöhnungssache, die speziell C 22-Piloten kaum negativ auffallen dürfte, denn insoweit erinnert der C 42 doch stark an seinen Vorgänger.
Die Sichtverhältnisse aus dem Cockpit sind durch die nicht allzu breite Cowling nach vorn und unten hervorragend. Weniger gefällt dagegen der Blickwinkel nach oben, hochdeckertypisch ohnehin durch die Tragflächen eingeschränkt. Zusätzlich behindert ein Sortiment an Streben die Sicht durch das Deckenfenster.
Im Landeanflug fliegen wir mit 15 Grad Klappenstellung und rund 90 km/h in den Endanflug, und völlig unspektakulär setzt der C 42 sich nach dem Abfangen ohne langes Ausschweben auf die Bahn.
Nicht nur fliegerisch gesehen ist Comco Ikarus mit dem C 42 ein großer Wurf gelungen. Angesichts der soliden Verarbeitung und der hohen Fertigungsqualität bietet er jede Menge Flugzeug fürs Geld. Wie es sich für ein Ultraleichtflugzeug gehört, findet er dank anklappbarer Tragflächen in Minutenschnelle platzsparend Unterbringung. Der Preis von 78.487 Mark inklusive Grundinstrumentierung und Rettungsgerät geht daher in Ordnung, wenngleich er die 80.000 Mark-Grenze mit notwendigen Features wie Vario, Libelle, Funk, Intercom und Headsets aber doch leicht überschreitet.

## Comco Ikarus C 42

**Hersteller**
Comco Ikarus
Am Flugplatz 11, 88367 Hohentengen
Tel.: 07572/5081, Fax: 07572/3309

**Antrieb**

| | |
|---|---|
| Typ: | Rotax 912 |
| Bauart: | Wasser-/Luftgekühlter Vierzylinder-Viertakt-Boxermotor |
| Leistung: | 58 kW (80 PS) |

**Abmessungen**

| | |
|---|---|
| Spannweite: | 9,45 m |
| Länge: | 6,20 m |
| Höhe: | 2,30 m |
| Flächeninhalt: | 12,5 m² |

**Massen**

| | |
|---|---|
| Leermasse: | 243 kg |
| max. Flugmasse: | 450 kg |
| Treibstoff: | 50 l (36 kg) |
| zul. Lastvielfache: | keine Angaben |

**Flugleistungen**

| | |
|---|---|
| Reisegeschwindigkeit: | 160 km/h |
| zul. Höchstgeschw.: | 190 km/h |
| Mindestgeschw.: | 65 km/h |
| Steigleistung: | 5 m/s |
| Startrollstrecke: | 100 m |
| Reichweite: | ca. 650 km |

**Preis 1997 (inkl. MwSt.)**
flugfertig mit Rotax 912 und Rettungssystem:
ab DM 78.487.-

FK 9TG

# SOLIDER TOUREN-SPORTLER

FK 9TG

Leistung gepaart mit Komfort und Reisetauglichkeit bietet B&F mit der FK 9 in der TG-Version mit Bugrad. Wie unsere Flugerprobung zeigte, bietet der Hochdecker aber noch weit mehr – zum Beispiel eine gediegene Verarbeitung.

Was wir beim Start mit der FK 9TG in Speyer erleben, ist beinahe dramatisch, so schnell verschwindet die Runway unter uns. Mit gut 5 m/s zieht uns der Rotax 912 den Wolken entgegen, und das Handbuch verspricht mit 7,5 m/s sogar noch einiges mehr.

Seit der Einführung der TG hat sich das Geschäft bei B & F belebt. Dabei kann die TG wie auch die parallel dazu produzierte Spornradversion »Classic« sowohl mit dem 80 PS starken Rotax 912 als auch mit dem 34 PS schwächeren Rotax 503 DCDI geordert werden. Seit Einführung der neuen Motorvariante

Mit dem 80 PS starken Rotax 912 realisiert die FK 9TG Steigraten von bis zu 7,5 m/s

wurden allerdings überwiegend Maschinen mit dem stärkeren Aggregat verkauft.
Was das von uns geflogene Spitzenmodell auszeichnet, sind nicht nur das handlingfreundliche Dreibeinfahrwerk und der Kraftzuwachs von 74 Prozent. B & F hat an dem Flugzeug jede Menge Detailarbeit geleistet. Dies fängt bereits mit der geräumigeren, um sieben Zentimeter verlängerten Kabine an. Ein vergrößerter Hauptspant sowie leicht ausgebuchtete und größere Türen ließen sie auch in der Breite um stolze acht Zentimeter wachsen. Zuverlässige Tenax-Knöpfe halten die hochgeklappten Türen sicher unter den Tragflächen. Ins Bild passen die neuen Türverkleidungen mit eingearbeiteten Taschen und kleinen Armlehnen. Ein Ende hat B & F auch dem vormals nur schlecht zu bedienenden Türverschluß bereitet. Ein zentraler, federunterstützter Hebel sitzt nun gut sicht- und erreichbar im vorderen Türbereich. Über den Hebel wird eine im Türrohr laufende Stange angelenkt, die vorn und hinten in den Türrahmen eingreift. Etwas staksig wirkt dagegen der Wölbklappenhebel zwischen den Sitzen, dessen daumenbetätigte Arretierung ohne fingerfreundliche Kunststoffkappe auskommen muß. Vergeblich sucht der Pilot auch nach einem Trimmhebel, doch B & F meint hierauf verzichten zu können und bietet eine Federtrimmung als Option an.
Äußerlich unterscheidet sich die TG von der Classic nicht nur durch das Fahrwerk, sondern auch durch eine insgesamt gefälligere Optik. Der Rumpfrücken ist hinter dem Cockpit heruntergezogen und trägt eine lange Finne als Übergang zum Seitenleitwerk. Nicht nur optische, sondern auch aerodynamische Vorteile dürfte die neu eingeführte Profilierung von Seiten- und Höhenleitwerk bringen.
Das Hauptfahrwerk ist mit einer Schwinge aus kohlefaserverstärktem Kunststoff (CfK) aufgebaut und mit Trommelbremsen ausgerüstet, die über einen Handhebel am Knüppel bedient werden. Optional bietet B & F auch fußspitzenbetätigte Einzelradbremsen

**Ausgleichsgewichte an den Querrudern reduzieren die Ruderkräfte und lassen ein sensibles Steuern zu**

an. Das lenkbare Bugrad wird über einen Gummipuffer gefedert und sollte daher auch mit schlechtem Untergrund gut zurechtkommen.
Als wir am Abflugpunkt das Gas hineinschieben, ist die Beschleunigung fast schon extrem. Dabei erleichtert das spurtreue Fahrwerk den Startlauf erheblich. Noch im Steigflug können wir die Leistung deutlich zurücknehmen und klettern immer noch mit etwa 4 m/s. Hundert Meter über Grund gehen wir schließlich in den Reiseflug über, setzen die Wölbklappen auf minus zehn Grad und lassen den 912er mit 5200 U/min drehen. 150 km/h zeigt dabei der Fahrtmesser, die maximale Speed liegt bei immerhin 180 km/h.
Die TG fühlt sich sehr erwachsen an, wobei sich das Mehrgewicht des Rotax 912 positiv bemerkbar macht. Der um knapp fünf Prozent nach vorne gewanderte Schwerpunkt verschafft mehr Ruhe um die Querachse. Im Bereich zwischen 150 und 160 km/h scheint sich die TG am wohlsten zu fühlen und läßt die fehlende Trimmöglichkeit fast vergessen.

Im Bereich zwischen 150 und 160 km/h fühlt sich die FK 9TG am wohlsten und konsumiert nur 9,5 Liter Sprit pro Stunde

Portemonnaie-freundlich bewegt sich der Verbrauch dabei um 9,5 Liter pro Stunde. Als harmlos sind überdies die Überzieheigenschaften der TG einzustufen. Provoziert man Stalls, nimmt sie einfach die Nase nach unten.

Deutlich steiler als von früheren Flügen mit der 503 Classic gewohnt steigt die TG bei reduziertem Power-Setting ab. Ein Grund hierfür ist sicherlich der größere Propeller, der im Leerlauf mehr Widerstand erzeugt. Dies erleichtert nicht zuletzt den Landeanflug, für den wir die Klappen auf null Grad setzen können. Wir könnten auch plus zehn Grad wählen, doch in praxi wird man diese Stellung, falls überhaupt, nur für Anflüge auf sehr kurze Pisten rasten. Unser Endanflug auf Speyer erfolgt mit knapp 100 km/h. Nach dem Abfangen schwebt die TG kürzer aus als von der Classic in der 503-Version gewohnt und setzt sich sich fast von alleine auf die Bahn. Beim Abbremsen meldet sich die Hauptfahrwerksschwinge dann mit leichtem Vibrieren, was aber keinen Grund zur Sorge gibt. Als wir auf das Vorfeld rollen, überzeugen wir uns noch vom engen Wendera-

Das Hauptfahrwerk des Hochdeckers basiert auf einer Kohlefaser-Schwinge; das Bugrad ist steuerbar

dius der TG. Bei vollem Tritt ins Seitenruderpedal schlägt das Bugrad bis 20 Grad aus, und wir können nahezu um die Flächenspitze drehen.
Als Resumé bleibt zu sagen, daß B & F mit der TG in Verbindung mit dem Rotax 912 ein erstklassiges Flugzeug auf den Markt gebracht hat. Das Handling in der Luft und am Boden ist einfacher als beim Vorgängermodell geworden, und die vielen Detailverbesserungen bringen ein merkliches Plus an Komfort. Ebenso deutlich ist der Leistungssprung mit dem starken Viertakter unter der Cowling: Gut 30 km/h mehr an Reisegeschwindigkeit und eine um 3 m/s gewachsene Steigleistung stellen den Vorgänger mit dem Rotax-Zweitakter in den Schatten. Dies bedeutet aber keineswegs, daß die FK 9TG mit dem schwächeren Antrieb etwa untermotorisiert wäre. Im Gegenteil: Eher erscheint sie mit dem 912er sogar überpowert. Ein Eindruck, den sie übrigens mit zahlreichen anderen ULs mit dieser Motorisierung teilt. Eigentlich braucht das Flugzeug die hohe Leistung nicht, aber die Kunden wollen sie. Dabei scheint es auch keine Rolle zu spielen, daß der

**Mustergültig bei der FK 9TG sind die Anklappflügel, welche eine sehr platzsparende Hangarierung ermöglichen**

Inzwischen gibt es die FK 9TG in einer acht Zentimeter längeren Version, die auch größeren Personen bequemes Reisen ermöglicht

schwerere Motor die mögliche Zuladung um etliche Kilos reduziert. Das Sicherheitsplus des Viertakters gegenüber dem Zweitakter zieht als Kaufargument übrigens auch nicht unbedingt, denn in der FK 9 hat sich der Rotax 503 als sehr zuverlässig erwiesen. Obendrein schlägt er – vielleicht nach 400 Stunden – als Ersatzmotor mit lediglich 2500 Mark zu Buche, wohingegen die Grundüberholung eines Rotax 912 immerhin 10.000 Mark aus der Geldbörse zieht. Die in der Praxis erzielten Treibstoffeinsparungen von 15 Prozent können den Kostennachteil selbst angesichts der höheren TBO von 1200 Stunden nicht aufwiegen.

Gut 85.000 Mark kostet die FK 9TG mit dem Rotax 912 grundinstrumentiert, mit anklappbaren Flächen und einem BRS-Rettungssystem. Nicht gerade wenig für ein UL, aber auch viel Flugzeug fürs Geld. Zudem ist der Fertigungsaufwand für den Stahlrohr-Gitterrumpf und die Tragflächen mit Kohlefaserholmen und Sandwich-Torsionsnase nicht eben gering. Dem Selbstbauer bietet B & F für 37.000 Mark einen bespannfertigen Roh-Bausatz, zu dem sich dann noch 7.000 Mark (Rotax 503) beziehungsweise 23.000 Mark (Rotax 912) addieren. Und wer die Exklusivität liebt, dem bietet B & F als Antriebsalternative sogar ein Wankel-Triebwerk an. Mit dem Rotary LCR-814 TG mit 48 kW (65 PS) steht für rund 20.000 Mark eine weitere interessante Alternative zur Wahl.

## FK 9TG

**Hersteller**
B & F Technik Vertriebs GmbH
Am neuen Rheinhafen 10, 67346 Speyer
Tel.: 06232/72076

**Antrieb**

| | |
|---|---|
| Typ: | Rotax 912 |
| Bauart: | Wasser-/Luftgekühlter Vierzylinder-Viertakt-Boxermotor |
| Leistung: | 58 kW (80 PS) |

**Abmessungen**

| | |
|---|---|
| Spannweite: | 9,80 m |
| Länge: | 5,85 m |
| Höhe: | 2,25 m |
| Flächeninhalt: | 11,42 $m^2$ |

**Massen**

| | |
|---|---|
| Leermasse: | 245 kg |
| max. Flugmasse: | 450 kg |
| Treibstoff: | 40 l (29 kg) |
| zul. Lastvielfache: | keine Angaben |

**Flugleistungen**

| | |
|---|---|
| Reisegeschwindigkeit: | 160 km/h |
| zul. Höchstgeschw.: | 180 km/h |
| Mindestgeschw.: | 55 km/h |
| Steigleistung: | 7,5 m/s |
| Startrollstrecke: | 50 m |
| Reichweite: | ca. 580 km |

**Preis 1997 (inkl. MwSt.)**

| | |
|---|---|
| flugfertig mit Rotax 912 und Rettungssystem: | DM 84.800.- |
| Rohbausatz (ohne Motor): | DM 36.700.- |

## Eurofox

# PREISGÜNSTIGES ALLROUNDTALENT

Der Eurofox folgt ganz der Tradition der kostengünstigen Allroundtalente, die Kitfox, Skyfox, Gazelle sowie der Stammvater Avid Flyer etablierten. Mit seinem hohen technischen Stand kratzt er sogar an der Grenze zum VLA.

Wir huschen im gestreckten UL-Galopp über den Bodensee, Kurs Insel Mainau. Bei 170 km/h klebt die Nadel des Fahrtmessers. Nicht schlecht für die 5200 U/min des Rotax 912, die er via Untersetzungsgetriebe in Wirkungsgrad-gerechte 2200 Rotationen des Holzpropellers umsetzt. So etwa 13 Liter Sprit brauchen wir dabei in der Stunde, noch weniger wird es bei der normalen Reiseleistung von etwa 4900 U/min, die uns immer noch 150 km/h beschert. Mit im Eurofox sitzt Rudolf Schäfer, einer der ganz alten Hasen im UL-Geschäft, seit 20 Jahren Inhaber von Ikarusflug und seit kurzem Importeur des Eurofox. Gebaut wird der konventionelle Hochdecker bei Aeropro im slowakischen Nitra. Niemand kann es bestreiten: Schon auf den ersten Blick sieht man dem Eurofox seinen Stammvater an. Wer den Zweisitzer aber genauer mit dem Avid Flyer vergleicht, merkt schnell, daß hier ein ganz neues Flugzeug entstanden ist. Aeropro hat sich zwar an dessen Erfolgsrezept angelehnt, aber im Grunde doch einen ganz neuen Flieger konstruiert. Wie das Vorbild trägt der Eurofox einen bespannten Stahlrohr-Gitterrumpf, abgestrebte Flügel mit Alurohrholmen und einem Anklapp-Mechanismus zum einfachen Unterstellen.
Um ganze 26 Zentimeter ist der Rumpf länger geworden, und die kommen einem längeren Leitwerkshebelarm sowie einer größeren Kabine zugute. Ganz neu ist der Flügel, auch wenn es wie beim Avid Flyer bei den angehängten Junkers-Klappen und -Querrudern bleibt. Der Aufbau nämlich erfolgt in moderner Sandwich-Konstruktion mit einem durchgehenden Torsionsrohr. Verwendet wird überdies ein modifiziertes Profil vom Typ NACA 4412, das höhere Geschwindigkeiten erlaubt. Zudem sind die Flächen mit gestanzten Alu-Rippen aufgebaut, und die Flügelnase wird durch eine profiltreue GfK-Schale geformt.
Das Hauptfahrwerk und die Aufhängung für das lenkbare Spornrad entstehen in einer Stahlrohrkonstruktion und sind über Expandergummis gefedert. Ins Staunen gerät man bei den Scheibenbremsen, die nicht aus dem Zubehörbereich stammen, sondern von Aeropro selbst gefertigt werden.
Angenehm überrascht sind wir auch vom Platzangebot im Kabinenraum. Einige Zentimeter mehr an Länge und Breite machen sich gegenüber dem Urahn Avid Flyer positiv bemerkbar. Schon der Einstieg durch die großen Flügeltüren, die von Gasdruckdämpfern unter den Flächen gehalten werden, verlangt keinerlei Akrobatik. Zudem bieten geformte Sitzschalen guten Komfort. Leider lassen sich weder Sitze noch Pedale einstellen, doch für Piloten von etwa 1,80 Metern Größe paßt das Arrangement bestens. Hinter dem Gestühl findet sich ein großes Gepäckabteil, das allerdings nur bis maximal zehn Kilogramm beladen werden darf.
Beim Rundblick durchs Cockpit fällt die prima Anordnung aller Instrumente und Bedienelemente auf. Alles ist gut erreichbar; eindeutig und genau im Blickfeld sind die Stellungen für Tankwahlschalter und Brandhahn. Kein Schalter oder Hebel kommt aus dem Baumarkt, alle haben Luftfahrtqualität. Zur Motorüberwachung ist in die D-MWIF das Flydat von

Auch beim Eurofox lassen sich die Tragflächen zum Transport oder zur Unterbringung anklappen

Rotax installiert, das es beim Eurofox wahlweise zu konventionellen Rundinstrumenten gibt, und zwar ohne Aufpreis. Wir würden das Flydat vorziehen, dessen LCD-Display kompakt und selbst bei schlechten Lichtverhältnissen gut ablesbar über alle wichtigen Motordaten informiert. Die Tankanzeige ist einfach über ein Schaurohr am Kabinenrahmen geregelt. Die beiden Alu-Flächentanks im Bereich der Flügelwurzel fassen jeweils 25 Liter und sind flächig mit den Rippen und der Flügelnase verklebt. Zusätzlich befin-

Mit dem Rotax 912 ist auch der Eurofox weit mehr als ausreichend motorisiert

det sich im Rumpf ein acht Liter großer Sammeltank. Als wir in Pfullendorf zum Start rollen, fällt uns der weite Blickwinkel aus dem Cockpit auf. Der Eurofox steht nicht besonders hochbeinig auf seinem Zweibeinfahrwerk, und die eher kurze Cowling schränkt die Sicht auch beim Rollen nur wenig ein. Wie alle Konkurrenzmuster mit dem Rotax 912 ist auch der Eurofox mit den 80 PS üppig motorisiert. Beim Start kann zügig Leistung gesetzt werden, ohne daß sich eine Tendenz zum Ausbrechen zeigt. Schon nach wenigen Metern hebt sich der Sporn. Schnell sind 70 km/h erreicht, und nach leichtem Zug am Knüppel heben wir ab. Mit zehn Grad Klappenstellung haben wir dafür etwa 80 Meter Rollstrecke benötigt und steigen nun mit rund 100 km/h. Dabei zeigt das Vario etwa 4 m/s Steigen an. Laut Handbuch sind es bis zu 4,5 m/s bei maximaler Flugmasse von 450 kg. In ausreichender Höhe können wir die Leistung zurücknehmen, fahren die Klappen ganz zurück und leveln kurz danach für den Reiseflug aus. Die Trimmung läßt sich feinfühlig dosieren und wirkt gut. Zwischen 150 und 160 km/h scheint sich der Eurofox am wohlsten zu fühlen. Die Ruderdrücke steigen leicht mit dem Ausschlag an und geben ein gutes Gefühl für die Dosierung. Langsame und schnelle Kurvenwechsel lassen sich ohne Eingewöhnung von Anfang an problemlos koordinieren. In Steilkreisen will der Eurofox leicht gestützt werden, zeigt aber keine ausgeprägte Tendenz, in die Kurve zu fallen. Aeropro hat eine wirklich ausgewogene Ruderabstimmung gefunden. Ein Tritt ins Seitenruder entfacht kein langes Pendeln um die Hochachse, das Flugzeug stabilisiert sich sofort wieder. Hier zahlt sich gewiß der längere Rumpf aus. Leicht angedrückt neigt der Eurofox nicht zu überraschend schneller Fahrtaufnahme. Der gelbe Bereich beginnt bei 160 km/h, bei 185 km/h ist die zulässige Höchstgeschwindigkeit erreicht.

Keine Mätzchen veranstaltet der Eurofox auch im Langsamflug. Mit Klappenstellung Null werden bei etwa 70 km/h die Ruder weich. Der Stall kündigt sich durch leichtes Schütteln an, bevor der Hochdecker nicht mehr fliegen will. Beim Setzen der Klappen muß der Pilot allerdings darauf achten, daß er mit den Knien gerne den Blick auf die Stellungsanzeige versperrt. Der Klappenhebel wird nur durch Reibung in seiner Position fixiert, eine Rasterung fehlt. Über einen Vorteil dieser Lösung klärt uns Rudolf Schäfer auf: Wird die maximale Klappengeschwindigkeit von 110 km/h überschritten, fahren die Klappen durch den hohen Druck automatisch ein.

Im Endanflug zeigt der Eurofox sein hervorragendes Gleitvermögen und hockt sich bei voll durchgezogenem Knüppel in sauberer Dreipunktlage auf die

Beim Blick ins Cockpit fällt sofort die professionelle Anordnung aller Hebel, Instrumente und Schalter auf

Nächste Seite: Mit einer Reisegeschwindigkeit von 160 km/h eignet sich der Eurofox in der klassischen Spornradausführung für gemütliche Touren über Land

Hinter den Sitzen gibt es genügend Platz für Handgepäck und Flugutensilien

Graspiste ohne Tendenz zum Wegspringen. Über die Fußspitzenbremsen läßt sich die Rollstrecke gut verkürzen. Beim späteren Einparken hilft einseitiger Bremseneinsatz, den Eurofox fast auf der Stelle zu drehen.

Hangarplätze sind vielerorts knapp und teuer. Der Eurofox hat deshalb die Klappmechanik vom Avid Flyer übernommen, die zu den praktischsten auf dem Markt gehört. Innerhalb von fünf Minuten sind die obere Kabinenverkleidung abgenommen, die Querruderanschlüsse und zwei Bolzen gelöst und die Flügel angeklappt. Zusätzlich gibt es sogar eine Deichsel für den Straßentransport, die am Rumpfheck eingehängt wird und somit das direkte Anhängen an einen PKW erlaubt. Auf längere Transportstrecken sollte man aber allein schon wegen der hohen Belastungen für die Flügelanschläge verzichten, zumal wenn die Tanks noch gefüllt sind.

Insgesamt ist der Eurofox ein sehr professionelles Ultraleicht, das mit seinen Flugeigenschaften auch ungeübte Piloten nicht überfordert. In seiner gesamten Charakteristik bietet er UL-Faszination zum günstigen Preis von 69.500 Mark, und für 79.780 Mark bekommt man das zugelassene, flugfertige Flugzeug inklusive BRS-Rettungssystem. Inzwischen auch mit Dreibein-Fahrwerk.

## Eurofox

**Hersteller**
Aeropro, Nitra,Slowakische Republik

**Importeur**
Ikarusflug Leichtflugzeugbau
88682 Salem
Tel.: 07553/1770, Fax: 07553/60538

| | |
|---|---|
| **Antrieb** | |
| Typ: | Rotax 912 |
| Bauart: | Wasser-/Luftgekühlter Vierzylinder-Viertakt-Boxermotor |
| Leistung: | 59 kW (80 PS) |
| **Abmessungen** | |
| Spannweite: | 9,20 m |
| Länge: | 5,75 m |
| Höhe: | 1,70 m |
| Flächeninhalt: | 11,5 $m^2$ |
| **Massen** | |
| Leermasse: | 260 kg |
| max. Flugmasse: | 450 kg |
| Treibstoff: | 58 l (41 kg) |
| zul. Lastvielfache: | keine Angaben |
| **Flugleistungen** | |
| Reisegeschwindigkeit: | 160 km/h |
| zul. Höchstgeschw.: | 185 km/h |
| Mindestgeschw.: | 65 km/h |
| Steigleistung: | 4,5 m/s |
| Startrollstrecke: | 86 m |
| Reichweite: | keine Angaben |
| **Preis 1997 (inkl. MwSt.)** | |
| flugfertig, inkl. Rettungssystem: (Bugradversion) | DM 79.780.- |

Zum Anklappen der Flügel müssen die Querruderanschlüsse gelöst werden

Avid Flyer

# DER PATE

Zu den Flugzeugen, die als echte Trendsetter in der UL-Szene gelten, zählt der Avid Flyer. Ende der 80er Jahre markierte er den Übergang von den bis dahin eher einfach gebauten Ultraleichtflugzeugen vornehmlich mit Alurohrstruktur zum komplexeren Kabinen-Zweisitzer, der sich am konventionellen Flugzeugbau orientiert.

Zugegeben: Der Avid Flyer ist in die Jahre gekommen. Aber in diesem Buch darf der Zweisitzer, der für eine ganze Anzahl späterer Flugzeugmuster Pate gestanden hat, einfach nicht fehlen. 1983 stellte ihn der Amerikaner Dean Wilson erstmals vor. Seitdem wurden über 1500 Bausätze verkauft. Schnell griffen andere die Grundidee der Konstruktion auf, wandelten sie mehr oder weniger stark ab und brachten sie ebenfalls mehr oder weniger erfolgreich als Kitfox, Skyfox oder Eurofox auf den Markt. Sie alle gehen auf den Avid Flyer zurück.

**Der Avid Flyer gilt als Urvater einer ganzen UL-Generation und wurde mehr als 150 Mal verkauft**

**In punkto Flugleistungen kann sich der Avid Flyer immer noch mit modernen Flugzeugmustern messen**

Ich hatte meine erste kurze Begegnung mit dem Avid 1989, als mich Importeur Norbert Eicher, der kurz zuvor die ersten Exemplare nach Deutschland gebracht hatte, zu einem Probeflug einlud. Eine Überraschung für damalige UL-Verhältnisse: Auf dem Flugplatz Bad Neuenahr stand ein »richtiges« Flugzeug mit bespanntem Stahlrohrrumpf, Spornradfahrwerk, abgestrebten Tragflügeln mit Alurohrholmen und Holzrippen. Unter der Cowling werkelte damals ein Rotax 462 mit gerade mal 38 PS. Sie reichten aus, um uns in die Luft zu bringen. Dabei halfen das auf viel Auftrieb ausgelegte Flügelprofil mit seiner deutlich hohlen Unterseite und die über die gesamte Spannweite reichenden Querruder/Landeklappen mit, die in Junkers-Manier an der Endleiste der Tragflächen hingen.
Etwas gewöhnungsbedürftig erschien mir damals das Steuerverhalten. Die Stabilität um Quer- und Hochachse war ausreichend, aber nicht gerade sehr ausgeprägt. Avid Aircraft hat inzwischen den Urtyp gründlich überarbeitet. Eine Menge Verbesserungen machen den Zweisitzer als Mark-IV-Modell zu einem immer noch aktuellen Flugzeug. Drei Motorversionen mit dem Rotax 532, dem 582 und dem 912 sind zugelassen. Die meisten Avid-Enthusiasten werden sich wohl für den letztgenannten Motor entscheiden, der mit 80 PS die beste Leistung und die Sicherheit eines Viertakters bietet. Und noch eine

Wahlfreiheit gibt es beim Avid: Wer sich nicht mit einem Spornradfahrwerk anfreunden will, kann auch eine Dreibein-Variante ordern.
Äußerlich unterscheidet sich der Mark IV vor allem durch das neue, größere Leitwerk von früheren Versionen. Das Volumenplus soll den Avid stabiler machen. Geblieben ist es bei den 9,10 Metern Spannweite und 5,30 Metern Rumpflänge. GfK-Schalensitze bringen besseren Sitzkomfort und das Cockpit bietet etwas mehr Fußraum als früher. Für überdurchschnittlich lange Mitmenschen ist der Avid aber auch in der Mark-IV-Version nur eingeschränkt zu empfehlen. Gelungen ist das von außen zugängliche Gepäckfach. Aerodynamisch sauberer als bei den älteren Versionen präsentiert sich der überarbeite Flügel, dem der Hersteller die Bezeichnung Heavy Hauler verlieh. Der Flügelnase verpasste Avid Aircraft eine Alu-Beplankung, und die Endleiste bildet nicht mehr ein Stahldraht, sondern eine durchgehende Aluleiste. Ergebnis ist eine höhere Profil-

treue; außerdem wirken die Tragflächen weniger nostalgisch. Laut Hersteller ist der Flieger durch den überarbeiteten Flügel wesentlich agiler geworden. In Sachen Flugleistungen kann sich der Avid Flyer immer noch mit weit jüngeren Flugzeugmustern messen. Um die 150 km/h liegt die Reisegeschwindigkeit, zulässig sind bis zu 200 km/h. Knapp 50 Liter faßt der Tank in der rechten Flügelwurzel, die immer für über drei Stunden Flugzeit reichen sollten. Längere Strecken zu fliegen, ist also kein Problem. Nicht mehr ganz auf der Höhe ist der Zweisitzer allerdings in Sachen Zuladung. Konstruktiv ist der Mark IV mit dem Heavy-Hauler-Flügel zwar für 490 kg Flugmasse ausgelegt, in seiner deutschen Zulassung aber auf 400 kg beschränkt. Man muß sich also schon ein-

Einen Hauch von »Buschflieger« vermittelt der Avid Flyer mit Spornradfahrwerk, doch es gibt ihn auch als Bugradversion

Der Avid Flyer ist gleich in drei Motorvarianten, nämlich Rotax 532, 582 und 912, erhältlich

Die Querruder reichen über die gesamte Flügelbreite und sind gleichzeitig als Landeklappen zu nutzen, indem sie nach hinten ausgefahren werden

## Avid Flyer Mark IV

| | |
|---|---|
| **Hersteller** | |
| Avid Aircraft, USA | |
| **Vertrieb** | |
| Avianord Flugzeug GmbH | |
| Norbert Eicher | |
| Obereschbach 9, 51429 Bergisch Gladbach | |
| Tel./Fax: 02204/72695 | |
| **Antrieb** | |
| Typ: | Rotax 912 |
| Bauart: | Wasser-/Luftgekühlter Vierzylinder-Viertakt-Boxermotor |
| Leistung: | 58 kW (80 PS) |
| **Abmessungen** | |
| Spannweite: | 9,1 m |
| Länge: | 5,3 m |
| Flügelfläche: | 11,4 $m^2$ |
| **Massen** | |
| Leermasse: | 240 bis 260 kg |
| max. Flugmasse: | 400 kg |
| Treibstoff: | 49 l |
| **Flugleistungen** | |
| Reisegeschwindigkeit: | rund 150 km/h |
| Manövergeschw.: | 128 km/h |
| zul. Höchstgeschw.: | 200 km/h |
| Mindestgeschw.: | 60 km/h |
| **Preis** | |
| Bausatz incl. Motor: | ca. DM 54.000,- |

Das Panel des Avid Flyers ist klassisch, die Fußspitzenhebel für die beiden Trommelbremsen Standard

schränken, will man das zulässige Limit nicht überschreiten. Hierin ist der Avid wahrlich kein Einzelfall. Beispielgebend für andere ist der Avid in Sachen Klappmechanik der Tragflügel: Hintere Kabinenverkleidung abnehmen, Flügelbolzen lösen und die Tragflächen nach hinten schwenken. Dies ist schon alles und dauert im Höchstfall fünf Minuten. Wer will, kann auch noch eine Deichsel mit PKW-Kupplung ordern, die im Rumpfheck eingehängt wird.

Norbert Eicher verkauft zwar auch flugfertige Avid Flyer, der Flieger ist aber vor allem ein heißer Kandidat für alle Bausatz-Freunde. Interessant für Flugzeugbau-Laien macht ihn seine konventionelle Bauweise, die selbst Anfänger, sofern sie etwas handwerkliches Geschick mitbringen, nicht vor unüberwindliche Hürden stellt. Schweißen braucht man beim Avid Flyer, wie auch bei den anderen Bausätzen auf dem Markt, nicht. Der Kit enthält neben dem fertig verschweißten Rumpfgerüst viele vorgefertigte Teile. Zum Beispiel liegen auch alle Holzrippen fertig bei.

Je nach Motorversion muß der Käufer für den Bausatz zwischen 43.000 und 54.000 Mark anlegen. Wer nicht soviel auf einmal investieren will, kann nach und nach sechs verschiedene Komponentenkits ordern. Wir würden jedoch zum Komplettbausatz raten. Jener ist nicht nur preisgünstiger, sondern man kann die anfallenden Arbeiten auch besser überblicken. Denn mancher hat sich schon über den Zeitaufwand getäuscht, den der Eigenbau eines Flugzeugs verlangt. Für den Avid Flyer sollte ein Anfänger getrost 800 bis 1000 Stunden bis zum Jungfernflug veranschlagen.

## Funk FK 11

# JET-APPEAL FÜR DIE UL-KLASSE

D-MSPK
D-MSP

Die FK 11 gehört zu den aufregendsten UL-Entwicklungen der letzten Jahre. Otto Funk, Altmeister des Leichtbaus, hat in den Zweisitzer ein Antriebskonzept verpackt, das die Augen von Technik-Fans zum Glänzen bringt.

Wie holt man aus wenig Pferdestärken möglichst viel Leistung heraus? Diese Aufgabe löst die FK 11 auf bislang einmalige Art. Otto Funk hat tief in seine Ideenkiste gegriffen und dem Flugzeug nicht nur eine ausgefeilte Aerodynamik, sondern auch einen Antrieb mitgegeben, der einen bisher unerreichten Wirkungsgrad bieten soll. Leider konnten wir Wunsch und Wirklichkeit noch nicht in der Praxis vergleichen, da die FK 11 zur Drucklegung dieses Buches im Frühjahr 1997 noch in den Kinderschuhen der Flugerprobung steckte. Einen tiefen Blick hinter die Kulissen des neuen Projektes genehmigte uns der Konstrukteur dennoch.

Was wir in Speyer zu sehen bekamen, muß beeindrucken: Ein Flugzeug mit Jet-Appeal, schmaler Sil-

houette und einem schlanken Flügel. Vor dem Leitwerk ragen aus den Rumpfseiten zwei Kohlefaserausleger mit Schaumkern. Sie tragen die Propeller. Hier kommen wir auch schon dem Geheimnis auf die Spur, wie Otto Funk gerade mal 53 PS in rund 190 km/h Reisegeschwindigkeit verwandeln will. Denn mehr Pferdestärken bietet der Dreizylinder-Viertakter von Suzuki, der hinter dem Cockpit des Prototypen eingebaut ist, nicht.

**Höchst außergewöhnlich ist der Antrieb mit mittig plaziertem Motor und zwei an Auslegern gelagerten Propellern**

**Das Cockpit und die Sitzposition stammen eindeutig aus dem Segelflug**

Funks Überlegung ist im Prinzip ganz einfach: Die an den schmalen Auslegern drehenden Propeller schaufeln ihren Luftstrahl, unbehindert durch eine voluminöse Cowling, nach hinten. Ihr Wirkungsgrad ist damit wesentlich höher als bei einer konventionellen Antriebsauslegung. Dies soll die verhältnismäßig schwache Motorisierung mehr als wettmachen. »Außerdem«, erklärt Funk, »lassen sich die relativ kurzen Props besser auf einen weiten Geschwin-

**Das Triebwerk bekommt seine Kühl- und Atemluft über eine große Hutze unter dem Rumpf sowie einen Ventilator**

digkeitsbereich optimieren und ihre verhältnismäßig langsame Blattspitzengeschwindigkeit verspricht niedrige Lärmwerte.«

Den Motor hat Funk aus einem Suzuki Swift der FK 11 transplantiert. Dazu mußte der Treibsatz mit Alublock kaum modifiziert werden. Als eine der wenigen Änderungen wurde die Schwungscheibe etwas abgedreht, um das Gewicht weiter zu verringern. Damit es dem voll gekapselten, flügssigkeitsgekühlten Triebwerk nicht zu heiß wird, bekommt es Kühl- und Atemluft durch eine große Hutze unter dem Rumpf und einen zusätzlichen Ventilator. Die Durchströmmenge regeln beim Prototypen verstellbare Abluftklappen an den Rumpfseiten.

Zu den technisch riskanten Punkten der FK 11 zählt sicher die Kraftübertragung auf die Propeller über

**Unbehindert von einer mächtigen Cowling schaufeln die beiden Propeller ihre Luft mit hohem Wirkungsgrad nach hinten**

lange Zahnriemen. Vor wenigen Jahren wäre diese Auslegung technisch kaum möglich gewesen, weil keine dauerbelastbaren Riemen zur Verfügung standen. Funk verwendet jedoch kevlarverstärkte Zahnriemen, die sich in 25stündigen Bodentests ohne nennenswerten Verschleiß ihrer Aufgabe gewachsen zeigten. Immerhin überbrücken sie von der Motor- zur Propellerwelle 90 Zentimeter und müssen bis zu etwa 100 kg Zug verarbeiten. Anfangs befürchtete Schwingungen unterdrücken kleine teflonbeschichtete Leitflächen.

Die FK 11 wäre nicht von Otto Funk, würde sie nicht in Sachen Leichtbau und Aerodynamik die Grenzen ausloten. Daß er leicht bauen kann, hat der Konstrukteur nicht nur bei der FK 9 bewiesen. Beim FK-11-Rumpf griff er auf ein tragendes Stahlrohrgerüst

Der Antrieb der Propeller erfolgt über kevlarverstärkte Zahnriemen, die bis zu 100 Kilogramm Zug zu verdauen haben

Den Motor hat Funk aus einem Suzuki-PKW "Swift" transplantiert. Der wassergekühlte Dreizylinder leistet 53 PS

zurück. Die Konturen formt eine GfK-Verkleidung, die keine Kräfte aufnehmen muß. Der freitragende Flügel baut in bekannter Manier über einen Kohleholm mit GfK-Sandwich-Nase auf. Vom Holm bis zur Flügelendleiste sind die Tragflächen über superleichte Rippen bespannt. Nur 255 Kilogramm wiegt der komplette Flieger.

Der Flügel verwendet wieder das für Funk-Konstruktionen typische und von Professor Althaus modifizierte Wortmann-Profil. Das heißt, daß auch die FK 11 im Reiseflug mit negativer Klappenstellung fliegt. Mit nur acht Quadratmetern ist die Flügelfläche äußerst knapp bemessen. Um damit auch noch bei den von der Bauvorschrift geforderten 65 km/h fliegen zu können, bedarf es Fowlerklappen, die sich bis auf 40 Grad fahren lassen. Das spätere Serienflugzeug könnte allerdings noch aufwendigere Doppelspaltklappen bekommen.

Ein schnelles Flugzeug verspricht die FK 11 allemal zu werden. Auf knapp 200 km/h soll der Prototyp kommen. Für die Serie denkt Funk schon weiter: Das ausreichend dimensionierte Motorabteil läßt den Einbau verschiedener Motoren zu, zum Beispiel die Verwendung der turbogeladen 100-PS-Version des Suzuki-Dreizylinders. Die VNE dieser FK-11-Variante soll bei 270 km/h liegen, der Prototyp ist noch auf 230 km/h limitiert.

Die FK 11 ist sicher ein heißer Kandidat für alle, die vor allem hohe Flugleistungen suchen. Wenn der Tandemsitzer auf den Markt kommt, soll er rund 114.000 Mark kosten. Etwa die Hälfte des Geldes muß man für einen Bausatz anlegen. Der enthält eine Menge vorgefertigter Komponenten. Doch jeder, der mit einem Baukasten liebäugelt (und dies gilt nicht nur für die FK 11), sollte vor dem Kauf genau überlegen, ob er sich damit nicht überfordert. Doch egal ob Fertigflugzeug oder Bausatz, eines bekommt jeder FK-11-Pilot gleichsam gratis mitgeliefert: Riesenaufsehen auf jedem Flugplatz für ein technisches und optisches Sahnestück

## FK 11 (Prototyp)

**Konstruktion**
Otto Funk

**Vertrieb**
B & F Technik Vertriebs GmbH
Am neuen Rheinhafen 10, 67346 Speyer
Tel.: 06232/72076, Fax: 06232/72078

| | |
|---|---|
| **Antrieb** | |
| Typ: | Suzuki |
| Bauart: | flüssigkeitsgekühlter Dreizylinder-Viertakt-Reihenmotor |
| Leistung: | 40 kW (53 PS) |
| **Abmessungen** | |
| Spannweite: | 8,8 m |
| Länge: | 5,0 m |
| Flügelfläche: | 8 m² |
| **Massen** | |
| Leermasse: | 255 kg |
| max. Flugmasse: | 430 kg |
| **Flugleistungen** | |
| Reisegeschwindigkeit: | ca. 200 km/h |
| zul. Höchstgeschw.: | 230 km/h |
| Mindestgeschw.: | 65 km/h |
| **Preis** | |
| flugfertig: | ca. DM 114.000,- |
| Bausatz: | ca. DM 55.000,- |

Wild Thing

# FAST SCHON EIN BUSCHFLIEGER

Wenn Buschflugzeuge robust gebaut sein müssen, dann kommt das Wild Thing dieser Spezies schon recht nahe. Der in Rumänien gebaute Ganzmetall-Zweisitzer mit seinem robusten Spornradfahrwerk ist nicht nur von der Optik her ein Flugzeug, das rauhe Behandlung klaglos wegstecken kann. Mit beinahe narrensicheren Flugeigenschaften stellt es auch an seine Piloten keine hohen Ansprüche.

Daß begeisterte Flieger oft vom eigenen Flugzeug träumen, ist nichts Neues. Wenn aber einer seinen Traum auch umsetzt, ein Flugzeug ganz auf den eigenen Geschmack zuschneidert und später auch noch mit einer kleinen Firma vermarktet, dann spricht das für einen Menge Mut und Willensstärke. Zu jener Gattung Pilot gehört auch der Bamberger Rainer Kurtz. Eigentlich wollte er sich nur ein Flugzeug bauen, daß seinen Vorstellungen entspricht. Vor allem robust sollte es sein, mit harmlosen Flugeigenschaften und erschwinglichem Preis. Die Idee begeisterte auch andere und so entstand mit Beteiligung einiger Freunde die Air-light GmbH, die das Wild Thing herstellt und vermarktet.

Seine Verwandtschaft mit dem Murphy Rebel kann das Wild Thing nicht verhehlen. Der kanadische Zweisitzer kam den Idealvorstellungen des Air-light-Teams schon recht nahe. Einiges gab es allerdings zu verbessern. Die augenfälligsten Punkte: Ein geändertes Leitwerk, ein kräftigeres Fahrwerk und ein neuer Rumpfrücken. Betrachtet man das Wild Thing, drängt sich der Vergleich mit einem leichten Buschflieger förmlich auf. Für UL-Verhältnisse wirkt der Hochdecker geradezu massig. Aber auch die Bauqualität dürfte halten, was die Optik verspricht. Die komplette Struktur ist aus 6061-T-Luftfahrtaluminium aufgebaut. Alle Verbindungen sind genietet und zusätzlich verklebt. Nur die Querruder und Landeklappen zeigen eine Stoffbespannung.

Noch während der Zulassungserprobung erhielten wir auf Burg Feuerstein bei Bamberg Gelegenheit, dem Wild Thing fliegerisch auf den Zahn zu fühlen. In dem geräumigen, 1,12 m breiten Cockpit findet man sich auf Anhieb zurecht. Der Einstieg durch die großen, vorn angeschlagenen Türen ist sehr praktisch. Das an beiden angeschrägte Panel bietet jede Menge Platz für eine umfangreiche Instrumentierung. Eine Konsole trägt den Gashebel und den Choke. Kabinenheizung, Vergaservorwärmung, der Klappenhebel zwischen den Sitzen, alles ist »wie bei den Großen« und gut plaziert.

Der 80-PS-Jabiru erwacht bei der ersten Anlasserumdrehung zum Leben. Der australische Vierzylinder-Viertakter erlebte im Wild Thing seine Europapremiere. Down under ist der luftgekühlte Boxer bereits ein verbreiteter Treibsatz für Leichtflugzeuge. Mit seinem aus dem Vollen gefrästen Alublock und ohne Getriebe bietet er gegenüber dem Rotax 912 einen echten Gewichtsvorteil. Air-light will das Flugzeug allerdings noch alternativ mit dem Hirth F30 anbieten. Während wir zum Start rollen, begutachten wir das Bodenhandling. Mit dem Spornrad, das über Stahlseile direkt mit den Seitenruderpedalen gekoppelt ist, läßt sich das Flugzeug gut manövrieren. Kurven lassen sich ausreichend eng rollen. Besser wäre es noch, wenn die hydraulischen Scheibenbremsen einseitig aktiviert werden könnten. Die Bremsen sind jedoch nur gemeinsam über einen Handhebel am Knüppel zu betätigen. Ein Spornradflieger-typisches

**Das Wild Thing ist eine erwachsene Ganzmetall-Konstruktion und vermittelt dem Piloten das Gefühl eines Buschflugzeuges**

Handicap beim Rollen stellt die lange und hoch aufragende Cowling dar, die die Sicht nach vorne einschränkt. Allerdings sollen die Serienflugzeuge eine enger geschnittenedem Motorhaube erhalten, die einen freieren Blick nach vorne zuläßt.
Wir starten mit zehn Grad Klappen. Jetzt muß der Jabiru zeigen, was er kann. Mit zwei Personen an Bord plus 40 Litern Treibstoff kommen wir auf gut 450 kg Flugmassse. Nach zirka 100 m Startlauf hat das Wild Thing auf 70 km/h beschleunigt und wir heben ab. Noch etwas Fahrt aufbauen und mit 90 km/h steigen wir weiter. 500 ft/min zeigt das Vario, rund 2,5 m/s. Bei voller Leistung dreht der Jabiru jetzt mit 2580 U/min, kommt damit an seine Nenndrehzahl nicht heran. Man muß ihm zugute halten, daß die richtige Motor-Propeller-Abstimmung beim Vorserienprotoypen noch nicht gefunden ist. Schließlich fliegen wir ein Flugzeug, das im Moment noch mitten in den Zulassungstests steckt.
Beim Einfahren der Klappen ändert sich die Lastigkeit kaum spürbar. So soll es auch sein. Nachdem wir in ausreichender Höhe ausgelevelt haben, nehmen

Das komplette Flugzeug ist aus 6061-T-Luftfahrtaluminium in Niet-Klebe-Bauweise gefertigt

wir die Leistung zunächst auf 2400 U/min zurück. Jetzt liegen 140 km/h an. Mit Vollgas bringt der Versuchspropeller 150 km/h. Dies wird wohl auch die Reisefluggeschwindigkeit des Wild Thing sein, wenn der Antrieb erst einmal richtig abgestimmt ist und eine schlankere Cowling die Leistung fressende Motorhaube des Prototypen ersetzt.

Die Stärken, dies merken wir schnell, liegen im Handling. Die Ruderabstimmung und Ruderdrücke vermitteln ein sehr gutes Gefühl. Seine Wendigkeit macht einfach Spaß. Dennoch reagiert der Zweisitzer keineswegs zu sensibel. Eine Überraschung erleben wir beim Tritt ins Seitenruder – wir wollen sehen, wie stabil der Flieger um die Hochachse ist. Das Wild Thing dreht ganz ohne Querruder sofort in eine beinahe saubere Kurve ein.

Im extremen Langsamflug zeigt das Flugzeug mit leichtem Schwingen um Hoch- und Längsachse die nahende Flugunwilligkeit an, ohne Klappen deutlicher als mit Klappen. Leichtes Nachlassen im Knüppel bringt aber sofort wieder die Kontrolle um alle Achsen zurück.

Im Anflug auf den Bamberger Platz kommen wir etwas zu hoch. Eine willkommene Gelegenheit, das

Der geräumige Arbeitsplatz macht einen sehr soliden Eindruck. Viele gute Ideen wie Klappfenster steigern den praktischen Wert

Nächste Seite: Eine schlankere Cowling wird beim späteren Serienmodell die leistungsfressende Variante des Prototypen ersetzen

D-MTWT

Der australische Jabiru-Motor bietet bei gleicher Leistung eine ernsthafte Alternative zum etablierten Rotax 912

Das robuste Spornradfahrwerk des Wild Thing wird auch mit holprigen Graspisten locker fertig

## Wild Thing

**Hersteller**
Air-light GmbH
Hauptstraße 98, 90562 Heroldsberg
Tel. 0911/5188803, Fax: 0911/5187319

**Antrieb**

| | |
|---|---|
| Bauart: | Luftgekühlter Vierzylinder-Viertakt-Boxermotor |
| Typ: | Jabiru |
| Leistung: | 58 kW (80 PS) |

**Abmessungen**

| | |
|---|---|
| Spannweite: | 9,2 m |
| Länge: | 6,9 m |

**Massen**

| | |
|---|---|
| zul. Flugmasse: | 450 kg |
| Leermasse: | 278 kg |
| Treibstoff: | 2 x 40 l Flächentanks |

**Flugleistungen**

| | |
|---|---|
| Reisegeschwindigkeit: | 150 km/h |
| zul. Höchstgeschw.: | 210 km/h |
| Mindestgeschw. bei 30 Grad Klappen: | 55 km/h |
| ohne Klappen: | 70 km/h |
| Steigleistung bei max. Flugmasse: | 2,54 m/s |
| Reichweite: | ca. 900 km |

**Preis 1997 (inkl. MwSt)**

| | |
|---|---|
| flugfertig, mit Rettungssystem: | DM 75.000,- |

Verhalten im Slip auszutesten. Kein Problem: Auch im extremen Seitengleitflug liegt das Wild Thing völlig stabil in der Luft. Die Sinkrate läßt steilste Anflüge zu. Unser Fazit: Nicht nur fliegerisch ist dieses Flugzeug ein attraktives Angebot. Air-light läßt das Wild Thing bei Aerostar bauen, einem großen rumänischen Flugzeugwerk, früher ein reiner Rüstungsbetrieb. Die Professionalität der dortigen Flugzeugbauer zeigt sich in sehr hoher Qualität; die Fertigung in dem Niedriglohn-Land schlägt sich im Preis nieder. Komplett, inklusive Rettungssystem, anklappbaren Tragflächen und Mehrwertsteuer kostet das Wild Thing 75.000 Mark. Für ein Flugzeug dieser Art ein durchaus günstiger Preis.

WD Sunwheel

# NOSTALGISCHER SPASSVOGEL

Wer E-Klasse-ähnliches Fliegen gepaart mit einer gehörigen Portion Nostalgie sucht, der liegt bei Wolfgang Dallachs Doppeldecker Sunwheel mit seinen gutmütigen Flugeigenschaften richtig.

Weshalb Wolfgang Dallachs zweite UL-Schöpfung nach dem Klemm-ähnlichen Tiefdecker Sunrise ein Doppeldecker werden mußte, ist rasch erklärt. »Das Problem bei Ultraleicht-Flugzeugen ist, daß die meisten Kunden ein Flugzeug wollen, das schwer aussieht, aber leicht gebaut ist«, erklärt der ehemalige Vize-Europameister im Motorkunstflug. Gleichzeitig sollte die neue Maschine aber sportlicher und wendiger als die Sunrise mit ihrer großen Spannweite fliegen, sich jedoch ebenso gutmütig verhalten. Da lag es freilich nahe, einen Doppel-

decker zu konstruieren. Schon in den Anfängen der Luftfahrt bot dieses Konstruktionsprinzip die Möglichkeit, wendige und im Verhältnis zum Gewicht sehr feste und steife Flugzeuge kostengünstig zu bauen. Und dies war ein weiterer Punkt, auf den Dallach großen Wert legte: Leichtbau zu möglichst geringen Kosten.

Schließlich konzipierte Dallach die Sunwheel mit einem WIG-geschweißten Stahlrohr-Gitterrumpf, der mit Ceconite bespannt wurde. Für die Tragflächen, die mit sieben Metern Spannweite und großen Querrudern am oberen und unteren Flügel hohe Wendigkeit versprechen, wählte er eine Konstruktion mit zwei Alurohrholmen, auf die faserverstärkte Rippen aufgeschoben wurden. Dallach legte die Sunwheel für sichere Lastvielfache von +8 und -4,5 g aus. Damit wäre die Sunwheel in punkto Festigkeit sogar für Kunstflug geeignet, doch der ist für ULs in Deutschland nach wie vor nicht erlaubt – und in einem UL sollte man auch kein Kunstflugzeug sehen. Um Gewicht zu sparen, mußten die Flächen entsprechend konstruiert werden. Im Vergleich mit dem allerersten Prototypen wurde unter anderem die GfK-Nase entfernt; durch eine Umverteilung der Lasten konnte auch bei den Alu-Holmen das Gewicht reduziert werden. Auch an Rumpf und Leitwerk wurden noch gewichtssparende Änderungen vorgenommen, so daß die Sunwheel einschließlich Rettungsgerät nun nur noch 220 kg auf die Waage brachte. Den Belastungstests hielt die Sunwheel aber auch in dieser Form stand.

Unseren Testflug absolvierten wir auf der D-MWDA mit Sauer-Motor. »Der paßt in seiner Charakteristik sehr gut zu dieser Maschine«, weiß Dallach. Beim Rundgang um das UL fällt die hervorragende Verarbeitung auf, eigentlich identifiziert nur das »M« im Kennzeichen den Doppeldecker als UL. Verstärkt wird dieser Eindruck durch die unsichtbare Installation des Rettungsgerätes querliegend hinter dem Piloten. Im Notfall schießt es den Rettungs-Fallschirm durch die Bespannung.

Der Einstieg in die Sunwheel erfolgt für UL-Verhältnisse bequem. Über die verstärkte Flächenhinterkante steigt man auf den Sitz und läßt sich hineingleiten. Dies erleichtert die seitlich wegklappbare Abdeckung des Cockpits ganz erheblich. Ebendort fällt zunächst die kommode Sitzposition auf. Der Steuerknüppel liegt gut zur Hand, und auch die einstellbaren Seitenruderpedale lassen sich prima erreichen. Nur hochgewachsene Piloten erreichen auf

**Nostalgie pur verspricht Wolfgang Dallachs UL-Doppeldecker Sunwheel**

Luftig und aufgeräumt präsentiert sich das Cockpit dem Sunwheel-Piloten

dem vorderen Sitz die oben angebaute Betätigung für die Einzelradbremsen nicht mehr. Allerdings könnten diese auch problemlos auf eine Betätigung mit Hackenbremshebeln umgebaut werden.
Recht spartanisch präsentiert sich das Panel mit der serienmäßigen Grund-Instrumentierung: Höhen- und Fahrtmesser, Kompaß und Variometer; zusätzlich gibts noch einen Drehzahlmesser. Weitere Motorüberwachungsinstrumente sitzen im vorderen Instrumentenboard und sind von hinten nur schlecht ablesbar.
Bereits nach wenigen Umdrehungen mit dem E-Starter nimmt der Sauer-Vierzylinder seine Arbeit auf und benötigt den Choke nur kurze Zeit. Wie üblich

bei den meisten Spornrad-Flugzeugen, versperrt die hochragende Motorhaube den Blick beim Rollen, oder der Kopf des vorne sitzenden Copiloten ist im Weg. Schnell gewöhnen wir uns deshalb daran, auf dem Weg zur Piste seitlich am Rumpf vorbeizuspähen. Bodenunebenheiten verdaut das mit Teleskopfedern bewehrte Hauptfahrwerk dabei sehr gut. Sollte das über Federn an das Seitenruder gekoppelte Spornrad beim Manövrieren einmal nicht in die gewünschte Wirkung zeigen, genügt ein kurzer Propellerschub oder ein Tritt auf die kurveninnere Bremse, und schon folgt die Sunwheel wieder brav dem Piloten.

Zwar herrscht bei unserem Testflug starke Thermik und der Seitenwind bläst mit gut 15 Knoten, doch der Start gestaltet sich völlig problemlos. Mit dem Sauer-Aggregat beschleunigt die Sunwheel zügig. Schon nach wenigen Metern kommt das Heck hoch, ohne daß hierfür betont gedrückt werden muß. Der geringe Torque-Effekt ist leicht auszugleichen, und nach cirka 90 bis 100 Metern Rollstrecke hebt der Doppeldecker mit rund 60 km/h ab, beschleunigt weiter auf 80 km/h und steigt dabei mit zwei Mann Besatzung bei 2000 U/min mit etwa 2,5 m/s. Unsere Reiseflughöhe erreichen wir 400 Meter über Grund, und bei Vollgasstellung erhöht sich die

Wie bei klassischen Vorbildern ragen die Zylinderköpfe zwecks besserer Kühlung aus der Cowling heraus

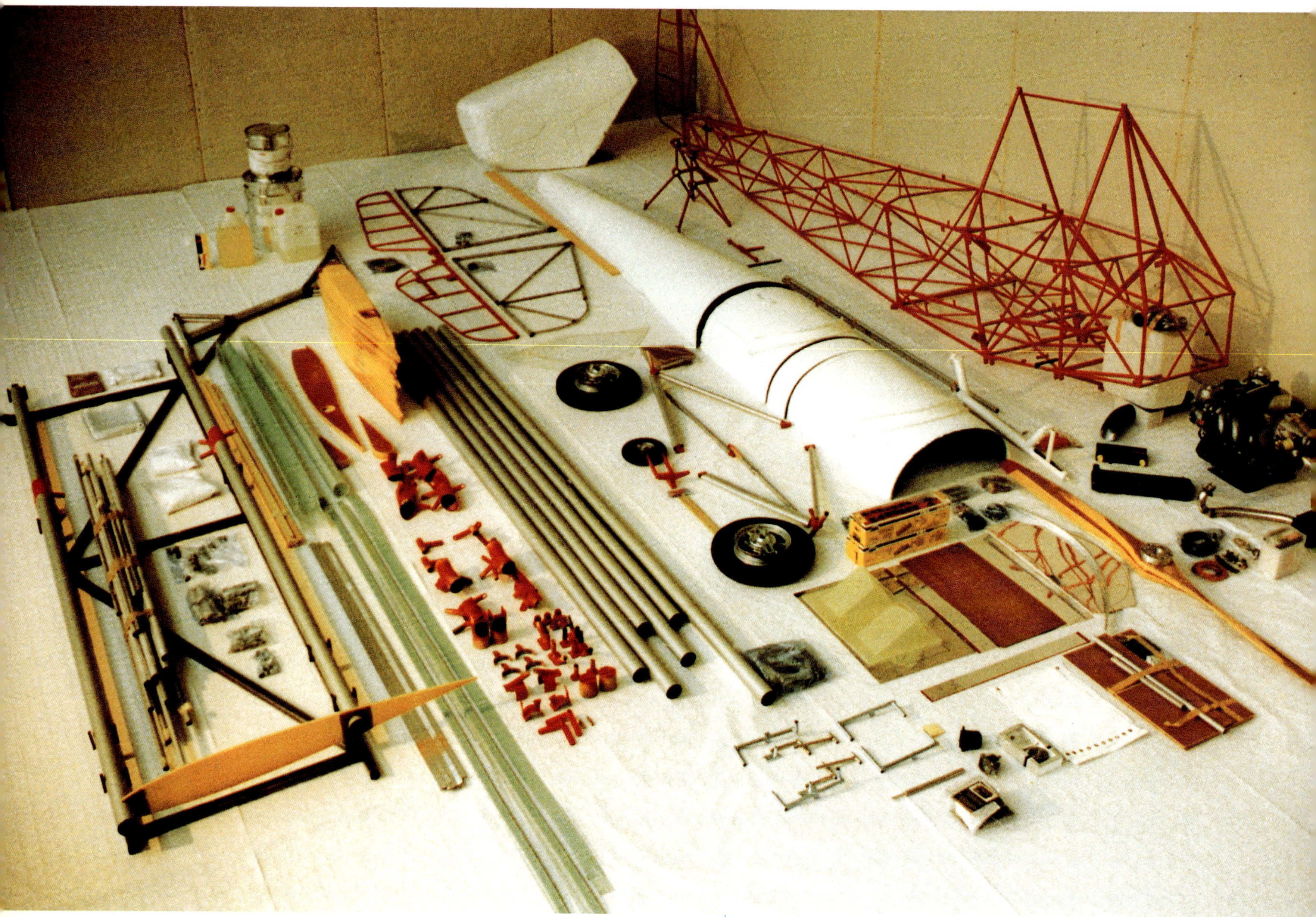

**Selbst ein Laie im Flugzeugbau kommt mit dem gut vorgefertigten Bausatz des Sunwheel auf Anhieb zurecht**

Fahrt auf 120 km/h. Dabei klettert die Nadel des Tourenzählers auf 2200 U/min.
Die Querruder erfordern geringe Handkräfte und wirken hervorragend, und so lassen sich selbst härtere Thermikböen problemlos ansteuern. Dabei ist ein negatives Wendemoment kaum feststellbar, man kommt ohne den gleichzeitigen Tritt ins Seitenruderpedal aus. Auch das Überziehverhalten des nostalgischen Doppeldeckers ist völlig harmlos. Ob mit oder ohne Motorleistung – der Strömungsabriß erfolgt bei rund 55 km/h, die Sunwheel nimmt lediglich die Nase etwas nach unten und holt Fahrt auf.

## Sunwheel

**Hersteller**
W.D. Flugzeug Leichtbau GmbH
Am Flugplatz, 73540 Heubach
Tel.: 07173/929990, Fax: 07173/929999

**Antrieb**

| | |
|---|---|
| Typ: | Sauer 2100 ULM |
| Bauart: | Luftgekühlter Vierzylinder-Viertakt-Boxermotor |
| Leistung: | 47,8 kW (65 PS) |
| oder | |
| Typ: | Take-Off-BMW |
| Bauart: | Wasser-/Luftgekühlter Zweizylinder-Viertakt-Boxermotor |
| Leistung: | 46,3 kW (63 PS) |
| oder | |
| Typ: | Rotax 912 |
| Bauart: | Luftgekühlter Vierzylinder-Viertakt-Boxermotor |
| Leistung: | 58,8 kW (80 PS) |

**Abmessungen**

| | |
|---|---|
| Spannweite: | 7,0 m |
| Länge: | 5,7 m |
| Höhe: | 2,2 m |
| Flächeninhalt: | 16 m² |

**Massen**

| | |
|---|---|
| Leermasse: | 220 kg |
| max. Flugmasse: | 450 kg |
| Treibstoff: | 60 l (43 kg) |
| zul. Lastvielfache: | +8/-4,5 g |

**Flugleistungen**

| | |
|---|---|
| Reisegeschwindigkeit: | 130 km/h |
| zul. Höchstgeschw.: | 165 km/h |
| Mindestgeschw.: | 55 km/h |
| Steigleistung (einsitzig): | 6 m/s |
| Startrollstrecke (Gras): | 70 m |
| Reichweite: | ca. 350 km |

**Preis 1997 (inkl. MwSt.)**
flugfertig mit Sauer-Motor, inkl. Rettungssystem:
DM 69.823,-
dito mit Rotax 912: DM 72.194,-

Das lenkbare Spornrad des Sunwheel ist filigran und damit ganz im Stile des UL-Doppeldeckers gefertigt

Mit circa 90 km/h wird der Landeanflug durchgeführt, unter Leerlaufleistung sinken wir mit etwa 3,5 m/s. Da die Sunwheel über keine Landehilfen verfügt, bleibt zur Vergrößerung des Gleitwinkels lediglich der Slip. Mit wenig Querruder und kräftig Seitenruder läßt sich dieser auch bequem bewerkstelligen, und der Doppeldecker bleibt gut kontrollierbar. Nach dem Ausgleiten und kurzen Ausschweben setzt er sich quasi von selbst auf die Bahn und steht nach etwa 130 Metern.

Nach dem Abstellen des Triebwerks bleibt die Erkenntnis, daß das Fliegen mit diesem nostalgischen Doppeldecker ein herrliches Vergnügen ist, das man entspannt in vollen Zügen genießen kann.

ZODIAC 601
D-MZRZ

## Zenair Zodiac CH 601 UL

# ULTRALEICHT-METALL

Wer seinen alten Märklin-Metallbaukasten auf dem Dachboden verstaut, aber seinen Traum vom Eigenbauflieger längst noch nicht begraben hat, findet ein neues Betätigungsfeld möglicherweise im Bausatz für den Zodiac CH 601 UL.

Zugegeben: Den einst heißgeliebten Metallbaukasten, aus dem in Kindertagen eine Reihe bahnbrechender, aber leider fluguntauglicher Flugapparate entstand, zu bemühen, ist vielleicht etwas weit hergeholt. Aber ganz so unberechtigt wiederum auch nicht. Schließlich steckt hinter dem Zodiac CH 601 UL ein Metall-Bausatz, wie er in Deutschland bislang nicht angeboten wurde. Und es stecken über zwei Jahrzehnte Erfahrung der kanadisch-amerikanischen Firma Zenair in Midland (Kanada) dahinter, die mit Kitflugzeugen in Ganzmetallbauweise groß geworden ist. Die

Qualität der Bausätze soll selbst Laien in die Lage versetzen, ein vollwertiges Ganzmetallflugzeug wie die CH 601 UL ohne Vorkenntnisse zu bauen. So jedenfalls lautet die Vorgabe von Firmenchef Chris Heintz, die er sich bei der Gründung von Zenair 1974 setzte. Der frühere Luftfahrtingenieur bei Robin will Sportsfreunden, die wie er vom Fliegervirus infiziert sind, aber nicht über die Mittel verfügen, mit Bausätzen zur eigenen Maschine verhelfen.
Der Zodiac selbst ist so neu nicht. Das Urmodell CH 600 startete bereits 1984 zum Erstflug – und sorgte gleich für Furore. Die EAA erklärte den Zodiac im gleichen Jahr in Oshkosh zum »Best New Design«. Seitdem sind vergleichsweise hohe Stückzahlen des kleinen Zweisitzers gebaut worden. 1990 machte sich Heintz an die Weiterentwicklung des CH 600 zum CH 601. Gleich drei Modelle entstanden: Die HD kommt dem Ur-Zodiac noch am nächsten, die HDS ist eine Speedversion mit spannweitenverkürztem Trapezflügel, und die gewichtsreduzierte UL-Version schließlich wurde gezielt für die kanadische Ultraleichtklasse entwickelt, die in vielen Punkten der deutschen ähnelt.
Der Zodiac CH 601 UL von Roland Hauke, deutscher Importeur in Pliezhausen bei Stuttgart, läßt keinen Zweifel aufkommen, aus welchem Holz er geschnitzt oder besser, aus welchem Blech er gebogen ist. Die TP-10141-Alu-Legierung läßt den Verzicht auf jegli-

**Mit dem Zodiac CH 601 UL steht reiselustigen UL-Piloten ein solider Ganzmetall-Tiefdecker zur Verfügung**

**Das zentral angeordnete Y-Steuer zwischen den Sitzen schafft einen bequemen Arbeitsplatz und erleichtert den Einstieg**

che Lackierung zu, ohne daß gleich der Zahn der Korrossion an ihr zu nagen beginnt. Ob man das farblose Outfit nun schön findet oder nicht – so nackt, das behauptet jedenfalls der Erbauer, bringt das Flugzeug gerademal 233 Kilogramm auf die Waage. Und das qualifiziert die Alu-Zelle wahrlich zum Ultra-Leichtmetall.

Technisch Aufregendes haben Rumpf und Flächen der Zodiac nicht zu bieten. Alles ist konventionell aufgebaut. Einzig der Knickflügel, der noch ein wenig an die Zeiten von Heintz bei Robin erinnert, macht stutzig. Er trägt ein spaltloses, durchgehendes Querruder. Auf ein Querruderscharnier im eigentlichen Sinne verzichtet die Konstruktion und ersetzt es durch ein durchgehendes Alublech. Seit dem Erstflug einer Zodiac haben sich bei keinem Flugzeug Risse an dieser Aufhängung gezeigt. Aber Skeptiker können dennoch auf ein konventionelles Scharnier zurückgreifen. Wahlweise gibt es den Zodiac mit Spornrad- oder Dreibeinfahrwerk. Wir flogen die Version mit steuerbarem Bugrad. Das Fahrwerk scheint gut dimensioniert, und hydraulische Scheibenbremsen sorgen für eine gute Verzögerung.

Für mehr als ausreichend Power sorgt wieder einmal der bewährte Rotax 912 mit seinen 80 PS. Der treibt einen von Hauke gebauten Dreiblattpropeller an, dessen Verstellnabe im Prinzip vom Ivoprop stammt. Daß der Zodiac aber selbst mit schwächeren Triebwerken wie dem Rotax 582 mit 65 PS gute Flugleistungen erzielt, ist bewiesen. Schon seine 195 km/h Reisegeschwindigkeit machen den Zodiac zum Reise-UL. Doch nicht allein. Im Unterschied zu manch anderen Geräten bietet der Tiefdecker eine Menge Stauraum nicht nur hinter den Sitzen, sondern auch unter zwei Klappen in beiden Tragflächen nahe der Flügelwurzel.

Die Kabine, 1,12 Meter breit, wartet mit viel Raum für die Besatzung auf. Die Plexiglashaube bietet eine 360 Grad-Rundumsicht. Als praktisches Detail erweist sich der Schließmechanismus. Er erlaubt, die Kanzel entweder nach links oder rechts zu öffnen, so daß Einsteiger nicht über Nachbarsitze krabbeln müssen. Der Zodiac verzichtet auf ein Doppelsteuer und bietet stattdessen einen Y-förmigen Zentralknüppel. Dies vereinfacht die Steuermimik, spart Gewicht, hat aber auch Nachteile. Wer sich auf längeren Flügen verleiten läßt, seine Hand auf dem schrägen Griff abzulegen, erzielt schnell einen Querruderinput und schiebt durch die Luft. Eine Pedal- und Sitzverstellung gibt es nicht, die Sitzhöhe wird allein über verschiedene Kissen gewählt.

Mit fliegerischen Überraschungen wartete der Zodiac nicht auf, er verfügt aber über beste Langsamflugeigenschaften. Das relativ dicke Profil vom Typ NACA 650-18 mod. erlaubt 65 km/h Mindestgeschwindigkeit, ohne Klappen wohlgemerkt, auf die der Tiefdecker verzichtet. Das Abkippverhalten ist klassisch. Bei Erreichen der Mindestgeschwindigkeit mit Power off nimmt der Zodiac lediglich die Nase um etwa 20 Grad nach unten und holt wieder Fahrt

Als Antrieb bewährt sich auch im Zodiac der wasser/-luftgekühlte Rotax 912

Die schlanke Cowling macht den Zodiac im Reiseflug 195 km/h schnell, und die Höchstgeschwindigkeit liegt bei erstaunlichen 240 km/h

auf. Dabei bleibt der Zweisitzer die ganze Zeit mit dem hochwirksamen Quer- und Pendelseitenruder steuerbar. Zum Trudeln läßt er sich nur mit gekreuzten Rudern verleiten. Beim Überziehen mit Reiseleistung schwingt der Zodiac mit hohem Anstellwinkel leicht um die Längsachse. Leichtes Nachlassen im Höhenruder bringt die volle Kontrolle um alle Achsen sofort wieder zurück.

Trotz des dicken Profils kann der Zodiac aber doch recht schnell gemacht werden. Bei 240 km/h erst setzt die $V_{ne}$ dem Vorwärtsdrang ein Ende. Ein Sicherheitsfaktor ist, daß der Zodiac aufgrund seines

nicht gerade widerstandsarmen Profils nicht zu schnell an seine Geschwindigkeitsgrenze heranspurtet. Der Charakter des Zodiac verspricht also eher streßfreies Fliegen, ohne dabei auf gute Reiseleistungen zu verzichten. Auch kurze Plätze machen dem Tiefdecker kein Problem. Ein imaginäres 15 Meter-Hindernis überfliegt der Zodiac bereits nach 130 Metern, und selbst bei voller Nutzlast zieht der Rotax das Flugzeug mit gut 5 m/s in den Himmel.
Alles in allem verspricht der Zodiac CH 601 UL also eine Menge Flugspaß und dies mit gehörigen Sicherheitsreserven. Die Zelle verträgt immerhin +6/-6 g.
Ein ausgereifter Baukasten sorgt dafür, daß auch der Selbstbau Spaß bereitet. Alle Bleche sind paßgenau durch CNC-Maschinen vorgebohrt – eine Riesenerleichterung für das Setzen von einigen hundert Nieten. Der Hauptholm liegt fertig bei, die Rippen sind bereits gestanzt und viele Bleche bereits vorgebogen. Alles wird zudem ohne Spezialwerkzeug montiert. Auf Wunsch tauscht Roland Hauke die serienmäßigen GFK-Teile für Cowling und Fahrwerksverkleidungen sogar gegen superleichte Pendants aus Kohlefaser.
In 400 Stunden, meint Zenair, ist der Zodiac fertigzustellen. Schlägt man 50 Prozent drauf, die getrost unter Hersteller-Optimismus verbucht werden dürfen, kommt man auf realistische 600 Stunden. Jeder Laie, so er nicht zwei linke Hände hat, sollte in der Lage sein, den Zodiac zu bauen. Über 800 fertiggestellte Zenair-Kits sprechen eine deutliche Sprache, einige hundert sind in vielen Ländern noch im Bau.
»Während viele Konstrukteure versuchen, möglichst schnell neue Konstruktionsprinzipien und Fertigungstechnologien zu übernehmen, konzentrieren wir uns auf die kontinuierliche Verbesserung bewährter Technik«, sagen die Zenair-Leute. Sie scheinen recht zu haben. Mancher Kit-Hersteller erschien mit aufsehenerregenden Konstruktionen auf dem Markt – und ist längst wieder verschwunden. Zenair dagegen behauptet sich seit über zwei Jahrzehnten.

## Zenair Zodiac CH 601 UL

**Hersteller**
Zenair Ltd., Ontario, Kanada

**Importeur**
Roland Hauke
Schloßgartenweg 3, 72124 Pliezhausen
Tel.: 07127/71231, Fax: 07127/89297

**Antrieb**

| | |
|---|---|
| Typ: | Rotax 912 |
| Bauart: | Wasser-/Luftgekühlter Vierzylinder-Viertakt-Boxermotor |
| Leistung: | 59 kW (80 PS) |

**Abmessungen**

| | |
|---|---|
| Spannweite: | 8,20 m |
| Länge: | 5,68 m |
| Höhe: | keine Angaben |
| Flächeninhalt: | 11,20 m$^2$ |

**Massen**

| | |
|---|---|
| Leermasse: | 233 kg |
| max. Flugmasse: | 450 kg |
| Treibstoff: | 58 l (42 kg) |
| zul. Lastvielfache: | +6/-6 g |

**Flugleistungen**

| | |
|---|---|
| Reisegeschwindigkeit: | 195 km/h |
| zul. Höchstgeschw.: | 240 km/h |
| Mindestgeschw.: | 65 km/h |
| Steigleistung: | 5 m/s |
| Startrollstrecke: | 130 m |
| Reichweite: | 770 km |

**Preis 1997 (inkl. MwSt.)**

| | |
|---|---|
| Bausatz, komplett: | DM 53.500,- |
| flugfertiges | DM 83.990,- |

# Ein Wort in Sachen Motorenwahl

Der Verzicht auf luftfahrtzugelassene Motoren hat in der UL-Klasse zu einem riesigen Angebot verschiedener Antriebe geführt. Bis vor wenigen Jahren herrschten noch Zweitakter als Standardantrieb für Ultraleichtflugzeuge vor. Als dann das Flugmassen-Limit auf 450 kg angehoben wurde, war der Weg frei für die schwereren Viertaktmotoren. Heute wird die »Antriebsszene« vom Rotax 912 dominert. Doch andere Firmen, wie zum Beispiel Wankel Rotary mit seinen Kreiskolbenmotoren oder der australische Hersteller Jabiru, versuchen auf dem Markt Fuß zu fassen. Hirth setzt weiterhin auf das Zweitaktprinzip und bietet mit dem F30 inzwischen einen Motor mit hoher Leistung an.

Häufig steht der Käufer eines Ultraleichtflugzeugs, egal ob gebraucht oder neu, vor der Frage: Zweitakt- oder Viertaktantrieb? In den meisten Fällen – dies ist eindeutig erwiesen – fällt die Wahl auf den Viertakter. Mehr Leistung, höhere Zuverlässigkeit, aber auch längere Lebensdauer werden als Argumente vorgebracht. Gute Argumente, aber in bestimmten Fällen sollte man sich die Entscheidung nicht zu einfach machen.

Wer heute von einem Viertaktmotor für sein Ultraleichtflugzeug spricht, meint fast ausnahmslos den Rotax 912, ein gutes und bewährtes Triebwerk. Besonders für Flugzeuge, die schon lange auf dem Markt sind, muß er aber nicht unbedingt die beste Wahl sein sein. Einige dieser UL-Muster sind noch nicht für das heute geltende Flugmassenlimit von 450 kg, sondern beispielsweise noch für 400 kg ausgelegt. Interessenten an solchen Flugzeugen sollten besonders kritisch an die Gewichtsrechnung herangehen. Jedes Kilogramm Zuladung ist besonders kostbar. Aus manchem Flugzeug, das mit einem Zweitakter noch gerade eben im gesetzlichen Rahmen doppelsitzig geflogen werden darf, wird mit dem schwereren Viertaktmotor ein Einsitzer.

Bei älteren Konstruktionen darf man auch kritisch hinterfragen, ob sie das Leistungsplus des Viertakters wirklich vertragen oder überhaupt benötigen. War das UL ursprünglich für eine Motorleistung zwischen 50 und 60 PS ausgelegt, stehen mit dem gängigen Viertakter 80 PS und damit zwischen 30 und 60 Prozent mehr Leistung zur Verfügung. Wie die Verhältnisse bei einer älteren, noch auf 400 kg Flugmasse zugelassenen UL-Konstruktion liegen, macht der Vergleich der Leistungsgewichte mit einer Cessna 152 krass deutlich: Das Ultraleichtflugzeug kommt mit dem 80 PS-Motor auf 5 kg/PS, die Cessna 152 auf 7 kg/PS. Anders ausgedrückt: Der Cessna 152 (von der niemand behaupten kann, sie sei untermotorisiert) stehen für jedes Kilogramm 40 Prozent weniger Leistung zur Verfügung. Die Entscheidung für eine bestimmte Motorvariante braucht man also – zumindest unter diesen Gesichtspunkten – nicht von der Leistung abhängig machen. Diese bieten die Zweitakter der meisten ULs ohnehin. Vielmehr sollte sich der Interessent fragen, ob das Flugzeug konstruktiv und vom zulässigen Fluggeschwindigkeitsbereich her mit dem stärkeren Powerpack harmoniert.